读史衡世·名将篇

持重有谋 徐达

孙晟 张乐 ◎著

华中科技大学出版社
http://press.hust.edu.cn
中国·武汉

图书在版编目（CIP）数据

持重有谋：徐达 / 孙晟, 张乐著. —— 武汉：华中科技大学出版社, 2023.6

ISBN 978-7-5680-9401-6

Ⅰ.①持… Ⅱ.①孙… ②张… Ⅲ.①徐达（1332-1385）—生平事迹 Ⅳ.① K825.2

中国国家版本馆 CIP 数据核字（2023）第 085305 号

持重有谋：徐达   孙晟   张乐   著
Chizhong Youmou: Xu Da

策划编辑：	亢博剑
责任编辑：	康　艳
责任校对：	李　琴
封面设计：	VIOLET
版式设计：	王江风
出版发行：	华中科技大学出版社（中国·武汉）　　电话：（027）81321913
	武汉市东湖新技术开发区华工科技园　　邮编：430223
印　　刷：	天津中印联印务有限公司
开　　本：	880mm×1230mm　1/32
印　　张：	8.75
字　　数：	200 千字
版　　次：	2023 年 6 月第 1 版第 1 次印刷
定　　价：	49.80 元

本书若有印装质量问题，请向出版社营销中心调换
全国免费服务热线：400-6679-118   竭诚为您服务
版权所有　侵权必究

前言

著名军事理论家克劳塞维茨曾在他的著作《战争论》中认为，军事天才除了要具有创造力和强大的精神力量，还必须有洞悉战场变化、看透战斗的不确定性的能力。

大明帝国开国名将徐达，正是这样一位军事天才。

徐达（1332—1385），字天德，濠州人。官至中书丞相，封魏国公。去世后追封为中山王，谥"武宁"。徐达长于谋略，治军严整，战功显赫，与李善长一文一武，并列大明开国功臣第一位。

徐达敏于行而讷于言。统兵时，极少发言，却谋划完整，令出必行，史称"言简虑精，令出不二"。战场上，徐达能"与下同甘苦"，士无不感恩效死。徐达军事生涯中，尤善攻城，一生攻克数百座大小城池，破城后却是"闾井宴然，民不苦兵"，他主张善待百姓、善待战俘，严禁劫掠，在那个时代殊为难得。在进军受挫时，徐达能够迅速重整战阵，使军队败而不溃，保留战力。

徐达一生忠诚谨慎，中正无疵。朱元璋登基称帝后，欲将吴王旧邸赐给徐达，被他坚决推辞。胡惟庸在朝内大兴党争时，曾派人收买徐达门人,想笼络徐达,而徐达以不置可否的态度进行了回避。等到胡惟庸党东窗事发,牵连了包括李善长在内的一系列重臣,而徐达得以全身而退,毫发无损。朱元璋由布衣而成为一代雄主,对手下多有猜忌,唯独将徐达视作心腹,情同手足,将数十万大军放心交予他指挥,他曾夸赞徐达:"昭明乎日月,大将军一人而已。"

徐达后代"赏延后裔,世叨荣宠"。徐达长女嫁给朱元璋四子——后世的明成祖朱棣,并为其生下朱高炽、朱高煦、朱高燧三个儿子,大明皇帝从此都有了徐家血脉。徐达长子徐辉祖继承了徐达魏国公爵位,在靖难之役中给朱棣带来不少麻烦,朱棣即位后,他得了姐姐照拂,仅被圈禁,魏国公爵位未失。徐达小儿子徐增寿,在靖难之时,因支持朱棣被杀。朱棣后将其子嗣封为定国公,举家迁至北平。徐达一门两国公,为大明开国功臣仅有,两国公分居二京,家族鼎盛两百多年,一直到大明灭亡。

徐达的军事生涯始于追随朱元璋定鼎金陵,对抗元军、攻伐陈友谅和张士诚;继于搭档常遇春统师北伐,重夺幽燕、荡平秦川；终于洪武五年独自统军穿越瀚海，再战扩廓帖木儿，惜败土剌河。

早年徐达的主要对手是同为农民起义军的张士诚、陈友谅。常州之战，徐达虽一度被围，却冷静筹谋，化险为夷，大破对手。龙湾之战，徐达依山设伏，巧用诈降，大破陈军，随后逆江而上，奋勇追击，克洪都、逼武昌，拓地千里，迭取名城。鄱阳决战，徐达身先士卒斩将夺旗、先登破敌，立下决战首功。淮东之战，徐达围点打援，攻取高邮，降服两淮。平江攻坚，徐达兵分十路，长围久困，终获全胜。

这一时期，徐达百战常胜，难逢敌手。直至洪武初年面对朱元璋口中的"天下奇男子"——扩廓帖木儿。徐达统军北伐，先后收复了山东、河南地区，又依靠扎实的航运，保障兵源和粮草充足，一举攻克元大都。后太原之战，徐达策反敌将，夜袭大营，打得扩廓帖木儿全军覆没，跣足而逃。随后徐达西进潼关，取凤翔、下庆阳，与扩廓帖木儿再战兰州沈儿峪。历经血战，徐达歼敌十万，取得此生最大胜利。这仗打得扩廓帖木儿抱流木渡河，孤身逃往哈拉和林。

这一时期，徐达两胜扩廓帖木儿，天下扬名。

洪武五年，徐达率师出塞，扫荡漠北，可惜兵力分散，被扩廓帖木儿在土剌河击败，损失数万。但徐达在极度困难的情况下，仍有条不紊地组织军队艰难回师，将损失降到了最低，为明军保存了有生力量。

此役之后，徐达英雄老矣，不复出征。

纵观华夏上下五千年，将星璀璨。但如徐达一般阵地战、运动战、攻坚战、水战等等样样精通的却是凤毛麟角。虽然在徐达的一系列战例中，看不到"无与伦比的创造力"和"非凡的勇气"，可重剑无锋，大巧若拙，徐达用兵坚持的原则就是"持重有谋"，永远脚踏实地地进行谋划，永远以最稳妥的方式走向胜利。就仿佛我们大多数普通人一样，只要凡事脚踏实地，不驰空想，不骛虚名，方可宁静致远，成就功业。

目录

第一章 元末乱起 将星现世

第一节 世居钟离 弃农从军 ... 001

第二节 矛盾尖锐 乱世将临 ... 005

第三节 独眼石人 红巾起义 ... 010

第二章 濠州从军 脱颖而出

第一节 首战滁州 奋勇争先 ... 018

第二节 元璋被虏 舍身相替 ... 027

第三节 从龙渡江 奠基集庆 ... 033

第三章 鏖兵金陵 积蓄实力

第一节 天下赌局 五强争霸

第二节 远交近攻 东征常州 043

第三节 力破士诚 问鼎东南 049

第四节 兵伐浙东 一举而定 056

第四章 决战龙湾 力克强敌 063

第一节 声东击西 智取池州 072

第二节 太平失守 应天危机 080

第三节 庙算决胜 龙湾破敌 086

第四节 千里追击 收复失地 094

第四节　兵围平江　决战决胜 145

第三节　平定两淮　再议东征 140

第二节　商定大计　出兵淮东 134

第一节　勋臣魁首　进位左相 129

第六章　平定姑苏　剿灭张吴

第四节　鄱阳血战　力取头功 122

第三节　转兵安丰　死守洪都 115

第二节　军抵武昌　两夺南昌 107

第一节　反攻江西　安庆大捷 101

第五章　血战鄱阳　大势已定

第四节 兰州决战 再败扩廓

第八章 西征秦晋 两败扩廓

第一节 计取三晋 备战强敌 187
第二节 太原大战 一败扩廓 193
第三节 兵伐三秦 攻克陇东 200
第四节 兰州决战 再败扩廓 207

第七章 北伐中原 重夺幽燕

第一节 北伐大计 开国动兵 156
第二节 计破益都 平定山东 163
第三节 血战洛阳 扫荡河南 170
第四节 克服大都 重夺幽燕 178

目录

第九章　将军卫国　铁骑出塞

第一节　开国公爵　功臣之首　218

第二节　宿命对决　徐达北伐　224

第三节　扩廓强悍　兵败土剌　233

第四节　败而不溃　千里回师　241

第十章　英雄暮年　烈士南归

第一节　朱徐联姻　佳偶天成　250

第二节　老骥伏枥　终战辽东　254

第三节　南归应天　入土钟山　260

第一章 元末乱起 将星现世

大元皇帝元文宗图帖睦尔虽然强调文治，试图再次拉开汉化序幕，无奈奸相燕帖木儿和保守贵族把持权柄，吏治渐趋腐败。中原民生凋敝，义军零星而起，大乱正在酝酿。

这一年，大明第一名将徐达生于濠州钟离。三十六年后，徐达统领二十五万健儿挥师北伐，力收幽燕之地。一时间，山河再聚，日月复明。徐达也被朱元璋赞为"破虏平蛮，功贯古今人第一；出将入相，才兼文武世无双"。

第一节 世居钟离 弃农从军

大元至顺三年（1332）壬申，徐达生于濠州钟离县的一个普通农家。

徐达像

徐达身材高大，颧骨凸出[①]；而朱元璋身材雄伟，鼻相深沉[②]。后有相书言："鼻为君，颧为臣，深鼻配高颧，君臣相辅乃是大吉之相。"是说徐达凸出的颧骨和朱元璋贯顶的鼻梁恰好是君臣和谐、共成大业的吉相。

早年间，没有人认为徐达能成为开疆拓土的一代名将，因为徐达家里世代务农，像徐达这样魁梧的男子，成为一把种地的好手，能养活好家人，更符合那个时代寻常家庭的期待。朱元璋、徐达生于乱世，命贱如蝼蚁。《明史》对徐达家庭的记载只有几个字："徐达，字天德，濠人，世业农。"朱元璋为他撰写的《神道碑》也没有提及他的先人或家人名字。如今可知徐达先人们的名字，来自徐达的次子徐膺绪的墓志铭：徐达曾祖父名徐五四，祖父名徐四七，父名徐六四。

朱元璋和徐达虽早年都生活在濠州钟离县，但是两人的家境还是有些区别。按照《朱氏世德碑》的说法，朱家原来居住在金陵句容，而后从这里出发开始迁徙，经泗州北上，最终在朱元璋父亲这辈定居濠州钟离。《明史》也基本采信朱元璋的说法。[③]

[①]《明史·列传第十三》载：长身高颧。

[②]《明史·本纪第一》载：姿貌雄杰，奇骨贯顶。

[③]《明史·本纪第一》载：先世家沛，徙句容，再徙泗州。父世珍，始徙濠州之钟离。

因为这块《朱氏世德碑》是朱元璋后来在南京称帝时所立,之前史料已不详,一方面无人可证,另一方面无人敢有异议。但是碑文至少说明一个问题:朱元璋的家族属于"流民",即为讨生活而颠沛辗转各地的农民,居无定所,更没有自己的土地。

徐达家的情况要好一些,《明史》称徐达家"世业农",即世代务农,至少有一块属于自己的土地,哪怕这块地很小。换句话说,徐达家至少有几亩薄田维持生计,朱元璋家则是彻底的佃户。所以在大元至正四年(1344)甲申,濠州遭遇饥荒时,朱元璋的父母和兄长皆饿死。与此同时,徐达却至少可以一直在濠州钟离老家,继续务农,勉强度日。

对比其他开国名将,此时的徐达既缺乏韩信那样佩剑读书的豪迈,又没有李靖那样世代为将的渊源,他只是一个农民出身的穷小子,也未得人指点,与"出将入相"的全才形象相去甚远。

其实,从事农业生产对一个人来说,能够磨炼意志、锻炼心性。相比其他世代为将之人,徐达用兵有一个最大的特点,"言简虑精,令出不二"——思虑精密,而且发出去的将令坚定执行,从来不会再改。这里有他从务农中形成的务实、专注、耐久、果敢的心性,对他日后成就大业是有所帮助的。而且,长期扎根农田的徐达深谙世道险恶,了解民间疾苦,在以后的军旅生涯中,行军打仗不祸及百姓、不扰民,还因善待战俘与同僚常遇春发生过争执。

在徐达之前从农庄走出的军事家有南宋的岳飞,在徐达之后农民出身的军事家有晚清的刘铭传、冯子材等。这几位农民出身的军事家都有一些共同的特点：持重、冷静、坚韧、专注。正如《孙子兵法》所说，用兵应当"其疾如风，其徐如林，侵掠如火，不动如山"。要做到这些，统军大将须有超乎常人的智慧、爱兵如子的仁心、全军将士的信任、迎难而上的勇气和号令森严的纪律，此即将道——"智仁信勇严"。

不过"时势造英雄"，徐达就算天生一身本领，如果未逢元末乱世，可能也无从施展，而是继续本本分分地做一个农民，然而徐达恰逢机遇。大元至正十一年（1351）百万红巾军以"莫道石人一只眼，挑动黄河天下反"的民谣为号召，揭竿而起，各地纷纷响应，天下大乱，这给朱元璋、徐达这样的人提供了舞台。

大元至正十三年（1353），红巾军领袖之一郭子兴命部将朱元璋返回老家钟离招兵。当时由于元王朝对河道疏于治理，黄河曾几次泛滥改道，经徐州、宿迁至泗州"夺淮入海"①，濠州之地在元代属于河南江北行省下的安丰路管辖，原本和濠州完全不沾边的黄河竟然改道从这里流入大海。原本被称为"膏腴之地"的两淮流域逐渐变成了河水肆虐的洪泛区，蝗灾、旱灾、水灾接踵而至，加上连年的征战，这就让大量农民难以再靠务农维持生计。

见朱元璋前来招兵，二十二岁、血气方刚的徐达立即前往投奔。他和朱元璋虽然是同乡，很多文学作品中也热衷于写徐达

---

① "夺淮入海"，指黄河自金中期到清咸丰年间，经淮河河道入海的一次大改道。这次改道使得整个河南、江苏流域水系发生重大变化。

和朱元璋自幼相识，但正史里找不到这种说法的相关记载。《明史》中记载，朱元璋回乡募兵时，与徐达第一次见面，便有相逢恨晚之感，加上两人年龄又相仿，言语、志趣相投，一见如故。① 或许是冥冥中自有安排，或许如相书所说，这两人面相相和，注定相互成就一番大事，徐达就此跟随朱元璋，踏上了自己的征战之路。

这一年朱元璋二十六岁，徐达二十二岁。如同刘备出山就遇见了关羽、张飞一样，这两人自此开启了在元末乱世并肩作战、平定天下的征程。

第二节　矛盾尖锐　乱世将临

走出故乡的徐达，即将踏入群雄并起、豪杰四出的元末乱世。这个乱世实际是大元帝国统治集团内部矛盾、统治阶级与被统治阶级之间的矛盾日趋激化导致的。

开创大元帝国的忽必烈对汉文化持学习和尊重的态度。比如他用汉语"大元"来命名国家。"大元"取自

元世祖忽必烈像

---

① 《明史·列传第十三》载：往从之，一见语合。

《易经》"大哉乾元"一句。忽必烈还专门颁布过一封《建国号诏》来解释这个国号：

> 可建国号曰大元，盖取《易经》"乾元"之义。兹大冶流形于庶品，孰名资始之功；予一人底宁于万邦，尤切体仁之要。事从因革，道协天人。於戏！称义而名，固匪为之溢美；孚休惟永，尚不负于投艰。嘉与敷天，共隆大号。

但是再好的名字，也只是一种美好的向往，大元帝国面临的问题不是名字取得宏大就可以解决的。

作为第一个入主中原的少数民族大一统王朝，大元帝国内部此时矛盾重重。皇室内部倾轧、争夺皇位，色目官吏和汉族官僚互不相容，统治阶级与普通百姓的固有矛盾等等，交错复杂，严重影响着这个王朝的统治。

首先摆在眼前的一个现实问题就是大元帝国的统治者和普遍的人民因为语言文字不通，存在交流障碍。大元帝国最高统治者讲的是蒙古语，在大元帝国中负责征税的色目人讲自己的语言，中原地区，广泛的被统治的人民讲汉语。这是自秦始皇统一文字以来，中原地区大一统王朝从未遇到过的情况。

因为语言不通，汉人无法和统治阶级交流，这就催生了帮助双方沟通的翻译。汉人说的话经过翻译，才能传到统治者、管理者耳中；统治者下达的命令，经过翻译才能落实到全国各处。

而这个症结逐渐变为死结，双方都不愿意为了对方改变自己，因而双方进一步背离。统治阶级不采用传统的管理模式——元朝统治者将权力尽可能地集中在中央，所以中央的部门臃肿庞杂，反而是到了地方，官署机构变得非常简单，导致民事无法解决、民意不能上达。而且元代的常朝（即早朝），只有元世祖忽必烈坚持，但每六天才会有一次。① 这又导致了政治上的种种弊病不能及时解决。加之汉族知识分子不受重视，传统的儒家思想受到打压，世代推行的那套已适应中原情况的官制再也没能出现，他们心中对统治者充满抵触。既然彼此不能顺畅地交流，又不能做出转变，那最终的结果只能是难以齐心，直至分道扬镳。

较早被征服的色目人，通过帮助蒙古人理财收税得到了蒙古帝国统治阶级的信任。当蒙古人用武力征服一个地区，色目人的税吏就开始对该地区进行榨取。这一幕在元朝建立后照常上演，但是色目人在汉人统治区域发现一个问题，那就是汉人实在难以降服、难以管理。没错，那些在元朝统治者看来最柔弱的汉人反而最难管理。

汉人已经形成了一套相对独立的税收模式，这套基于孔孟之道的税收模式和色目人的税收方法格格不入。由于农业生产丰歉是不确定的，开明的大一统王朝一般会尊重现实，丰收的时候可以多收，歉收的时候可以少收，简单来说就是税收多少根据年景的丰歉可以调整，额度并不绝对固定。这在脱胎于商业文明的色

---

① 李治安.元代政治制度研究[M].人民出版社,2003.

目人看来简直不可思议。他们坚持自己的信条：商人们需要固定交纳十分之一的商业税，农民则需要交纳一定量的田赋，这是天经地义的事情，没有讨价还价的余地。元朝统治者由于并不善于管理税收，将税收这个关系到国计民生的重任交给了色目人。色目人巧立名目，大肆榨取钱财，甚至进行了"扑买"①政策，从中获利。元天历年间（1328—1330）的苛捐杂税比忽必烈时代增加了近二十倍②，有些已经破产的农民，虽然土地已为他人所有，但仍需纳税。

色目人和汉人之间势同水火，但在元朝统治阶级看来，只要能满足自己对金钱的需求，政局稳定，这些矛盾于他们来说无关紧要，构不成什么威胁。连年开疆拓土，填补了自己的征服欲之后，这些贵族们要么忙着内斗，争夺权力；要么沉溺于酒色之中。

在一统中原到被推翻的近百年时间里，大元帝国经历了世祖忽必烈、成宗铁穆耳、武宗海山、仁宗爱育黎拔力八达、英宗硕德八剌、泰定帝也孙铁木儿、明宗和世㻋、文宗图帖睦尔、宁宗懿璘质班、顺帝妥懽帖睦尔，十任皇帝，其中开国皇帝世祖忽必烈在位三十年，顺帝妥懽帖睦尔在位三十五年，剩下的八个皇帝加起来在位不到三十五年。这八位皇帝，一半是酒鬼，一半是傀儡，他们在位时间不长，都没有什么大的作为。

和这八个短命皇帝不同，元朝末代皇帝元顺帝妥懽帖睦尔是

---

① 由官府核计应征数额，招商承包。承包者按定额向官府纳税，超额的归承包人。

② 李治安.元代政治制度研究[M].人民出版社,2003.

元朝在位时间最长的皇帝，他登基六年就扳倒权臣伯颜，重新夺回权力，朝廷又有了中兴气象。不过他掌权后，未能继续励精图治下去，又变得和其他大元皇帝一样，沉醉于木工诗词、美酒美人，政治再次日趋腐败，各阶级的矛盾更加激化。

元宁宗孛儿只斤·懿璘质班像

大元帝国官僚体制僵化，缺乏新鲜血液，官员能力参差不齐，也就导致决策多有失误。

大元帝国采取官僚世袭制度，取代原来采用的科举制度，作为权力核心层的元朝贵族们生来就承袭先辈的爵位、俸禄、待遇，甚至军队。而汉人知识分子传统的求取功名的路基本被堵死——在元朝近百年的统治中，有一半的时间是废除了科举制度的。另一半的时间里，一共举行了十六次科举考试，取进士一千余人，而这些人绝大多数难当重职、要职。而以元朝庞大的官僚体系来看，在近一百年的时间里，这种录取规模，实在是太小。这样的做法实际上将整个中原地区长久以来的国家管理方式彻底改变，贵族们垄断了高层的官职，汉人基本丧失了对国家政治决策的参与权。

此时的大元帝国，从最高统治集团到普通百姓，统治阶级内部、各阶级之间都有着无法调和的矛盾。大元这个庞大的帝国，内部暗流涌动。年久失修的黄河长期泛滥，江淮地区水系遭到严重破坏，灾荒连年，致使民不聊生，但广大百姓仍要面对元朝廷的压榨。大元帝国的掘墓者终于出现了。那就是最早举起反元义旗的韩山童、刘福通。

第三节　独眼石人　红巾起义

韩山童、刘福通都是白莲教信徒。白莲教教义简单，为广大百姓所接受，影响力越来越大。

至大元年（1308），朝廷忌白莲教势力过大，下令禁止白莲教传播。仁宗即位（1311年）后，曾恢复其合法地位。但十年后英宗即位，又严格限制其活动。因此，许多地方的白莲教组织对官府抱敌对态度。加之其信徒以下层群众居多，故当元末社会矛盾激化时，一些白莲教组织成为率先反元的力量。

随着白莲教在河南、两淮一带广泛传播，虽然朝廷一度又对其展开镇压，但是已经无法阻止白莲教再次壮大。元顺帝至正年间，时为河南、两淮地区白莲教首领的韩山童，通过白莲教组织开始传播"弥勒佛下生"的救世谶语。蕲春徐寿辉、濠州郭子兴等人也都在白莲教的号召下开始积蓄力量。徐达也像当时的众多普通农民一样，开始接触白莲教。由于日子过得越来越糟，他也非常渴望有朝一日"救世弥勒"降世，帮助他和其他乡人一同脱离困境，过上好日子。

此时中原局势已如同干柴遍地，只需星星之火，就可形成燎原之势。讽刺的是，点燃这星星之火的人，却是大元帝国救星，一代名相——脱脱。

大元帝国末代皇帝元顺帝在废掉权奸，重掌大权后，一度也想有所作为。他拜脱脱为相，开始进行内部改革。脱脱出身蔑里乞贵族，祖上世代在大元帝国朝廷为高官。脱脱本人更是才兼文武的一代名相，《二十四史》中的《宋史》《金史》《辽史》都是他主持编纂而成，他也属大元帝国内部主张学习汉文化的一派。为拯救危机四伏的大元帝国，脱脱找到了症结，他提出当前改革的重点在于变更钞法、疏浚黄河两项大事。变更钞法的目的是要直接解决财政困难，疏浚黄河是要保证大元帝国可以调用江南钱粮。

于是在至正九年（1349）闰七月，脱脱被任命为中书省右丞相，主持这两件大事。可惜，虽然脱脱找到了问题所在，但这两个严峻又棘手的问题如同长在大元帝国身上的毒瘤，医治得当，帝国尚能残喘一段时日；医治失当，则会加速大元帝国的灭亡。历史上，正是变钞、开河这两件大事最终成了大元帝国崩溃的导火线。

首先出问题的是变更钞法。为了变更钞法，脱脱召集大元朝廷里枢密院、御史台、翰林院众多官员一起前来讨论。当时大元朝廷内部分为两派，一派是以吏部尚书偰哲笃为首的色目官吏，为了榨取更多财富，他们支持变更钞法的政策；另一派是以翰林院祭酒吕思诚为首的汉族官僚，他们坚决反对脱脱推行的新钞法。

元朝的纸币币值由官府规定，照1∶2的比例兑换旧印刷的纸币，同时将本来已经废止流通，但仍在民间受到老百姓认可的铜币恢复流通。不过纸币和铜币的兑换比例为

元纸币,至元通行宝钞

1∶1000。①

中原老百姓世世代代使用铜钱,元朝统治者用一张盖了印的纸来替代,在他们眼中这完全就是明目张胆的掠夺,吕思诚自然要反对。但偰哲笃等高级色目官员不会管这个问题,他们只站在自己的利益上看问题。此时借助贵族力量刚坐上皇位的元顺帝必须要解决好对贵族们的赏赐问题,否则皇帝的位子并不稳固,这就需要大量的真金白银。而大元帝国经过几十年赤字财政,已经山穷水尽,只能竭泽而渔,进一步压榨百姓了。

所以商议的结果是,脱脱的变更钞法案顺利通过,吕思诚反对无效。当然违背客观经济规律,必须要承受后果。两年之内,大元帝国境内形成了恶性的通货膨胀,作为一般等价物的纸币不再被市场接受,民间开始以物易物,这种逆历史潮流的商业现象,使大元帝国境内的商品流通受到极大阻碍,经济发展缓慢。变更钞法掠夺民财的企图最终没有达到,反而激起了民怨,特别是商人阶级,包括张士诚、方国珍等为首的一批盐商。

脱脱主持的第二件事——疏浚黄河,虽然治河初见成效,但也是在给风雨飘摇的大元帝国掘墓——直接引发了元末百万红巾军起义。

---

① 《元史·食货志》。

早在至正八年（1348）期间，朝廷派遣水利专家工部尚书贾鲁治河。贾鲁是我国历史上有名的治河专家，而且最后他也的确把黄河水患治好，后世还专门为他修了庙，还把他开挖的运河命名为——"贾鲁河"。但是脱脱却是在不合适的时机，做了这件虽然必须要做，但又特别劳民伤财的事。大元帝国虽然治河成功，但整个治河过程中，一来花费巨大，而朝廷连年赤字，只得进一步压榨民力，无偿役使百姓，这又激起了更深的民怨；二来在治河时需要大量的人力，因此这些对朝廷颇有怨言，又大量聚集的民夫就为白莲教的传播提供了机会。

至正十一年（1351）四月，贾鲁开始在两淮流域征集大量民夫，准备疏浚黄河河道。

白莲教韩山童等的就是这样一个机会。早在这一年年初，他就召集自己手下"四大护教法王"刘福通、杜遵道、罗文素、盛文郁来颍州商议起事，杀白马黑牛，祭祀天地，立誓为盟，商定以红巾为号，广聚部众，攻击州府，共谋起兵反元。

韩山童自称宋徽宗八世孙，以宋皇室后裔的身份为号召，传檄天下；他又效仿陈胜、吴广在鱼肚子里藏"大楚兴、陈胜王"的纸条的做法，在河工们修河的水域埋下刻着"莫道石人一只眼，挑动黄河天下反"的独眼石人。结果不出所料，挖出石人的河工立即认为这就是白莲教谶语之中所说的"弥勒佛下生"。这种神奇鬼怪的小道消息，传播速度极快，加上韩山童派出彭莹玉为首的"五散人"四处散播作势，一时之间消息传遍河南、两淮、两湖地区。

但是大元帝国毕竟也统治天下近百年，各地布有耳目。这年五月，韩山童在颍州被捕处死。但他被杀前对起义的具体计划只字未提。

而对其他白莲教领袖来说，这个时候已经箭在弦上，不得不发。白莲教"四大护教法王"中的刘福通立即站了出来，暂代韩山童发号施令，决定立即起事，另外三人也表示同意！于是在至正十一年（1351）五月，红巾军在河南、两淮、两湖揭竿而起。

刘福通等人首先率军攻破罗山、上蔡、真阳、确山四县，而后主力进攻叶县、舞阳，夺下大元帝国汝宁府、光州、息州等地，部众瞬间增至十余万人。①两淮之上，郭子兴等人在濠州举事，控制濠州；两湖一带，彭莹玉和徐寿辉在蕲春起事，建立"天完"政权。之后，两淮盐贩张士诚，在八月十五中秋节举兵；两浙盐贩方国珍，起兵温州进军闽浙。之后徐寿辉手下渔民出身的陈友谅崛起，利用长江水军占据两湖洞庭一带，另一个手下明玉珍率军攻入西蜀，割据一方。

大元帝国顿时山河破碎，遍地狼烟。一时之间，元朝朝堂之上所有人都指责脱脱变更钞法、疏浚黄河惹出此等祸事。

脱脱自己也慌了神。为了讨好上层贵族，他立即放弃一切学习汉文化的举措，把自己和汉人群体进行切割，甚至别人上奏"谋反事"的公文，他在中书省看到后也立即提笔改成"河南汉人谋反事"；之后中书省议事也不再找任何汉族官僚商议，这样

---

① 《明史·列传第十》。

一来汉族官僚群体也对脱脱不满。

当时出现了一首讥讽时政的元曲,恰好能反映那个时代真实的情况:

> 正官·醉太平
> 堂堂大元,奸佞专权。开河变钞祸根源,惹红巾万千。官法滥,刑法重,黎民怨。人吃人,钞买钞,何曾见。贼做官,官做贼,混贤愚,哀哉可怜。

元顺帝妥懽帖睦尔在这种情况下,也没有对脱脱失去信任,而是将剿灭红巾军的重任交予脱脱。脱脱也稳住阵脚、恢复冷静,开始重新分析敌我双方的形势。此时,红巾军主力聚集在河南南部、湖北及两淮一带。这一来就切断了元大都和财税、粮食重地江南诸省的联系。但此时江南第一重镇集庆还在元军手中,江浙一带也没有遭遇两淮、河南那样的连年灾荒,大元帝国在此地的统治根基并没有受到太大动摇。

脱脱针对当时局势进行了深入的分析,并制定出详细的平叛计划:先沿运河故道南下,打通江南至大都的交通线,确保可以顺利调运用以平叛的钱粮。在至正十二年(1352)八月,脱脱调集元军主力,攻向两淮门户——徐州。

徐州被红巾军将领芝麻李占据。这位芝麻李原名李二,因为遭遇灾年,将家中的一仓芝麻分给饥民而得名。他运气不太好,刚刚夺下徐州没几天,就碰到脱脱统率的元军主力。结果一仗下来，芝麻李兵败身亡，徐州被脱脱收复。

此战是脱脱一生最辉煌的顶点，他得胜回朝后被加封为太师，元顺帝甚至准许在徐州为他建立生祠，并立《徐州平寇碑》以壮声威。

脱脱的这股强兵并没有进一步的作战计划，大元朝廷此时已经没有足够的财力继续支持大规模的军事行动。脱脱不得不将察罕帖木儿和李思齐等人提拔起来，运用这些地方自发组织的"义军"，和红巾军对抗。元廷和红巾军之间暂时陷入战略相持阶段。

而自克复徐州之后，元朝统治集团认为天下再度太平，又开始了新一轮的争权夺利。元顺帝儿子爱猷识理达腊、奸臣哈麻跟脱脱商议立其为太子一事，被脱脱拒绝，双方自此结仇。而此时的元顺帝也沉溺于酒色，不像以前那样关注朝廷政务，脱脱逐渐在元朝统治集团里陷入孤立。

红巾军这边，自韩山童死后缺乏领袖。刘福通没有韩山童那样一呼百应的威望，"四大护教法王"其余三人杜遵道、罗文素、盛文郁与他貌合神离，分散在各地的"五散人"彭莹玉等人也都和刘福通缺乏联系，彼此缺乏信任，红巾军的主力基本处于各自为战的状态。

主力都是如此，身处濠州城内的、只能算红巾军偏师的郭子兴更是忐忑不安。郭子兴自己心里清楚，他和芝麻李一样，面对脱脱麾下元军主力，根本无抵抗之力，如到那时，必兵败身亡。他必须抓紧时间拉拢人才，扩张队伍，所以他派了朱元璋回老家去募兵。

此时，跟随朱元璋来到濠州的徐达得知，自己这位同乡已经娶了郭子兴义女马氏为夫人，凭借自己的努力和天生的才干在郭子兴军中崭露头角。徐达决定跟着朱元璋闯荡一番，为自己拼个前程，就此开启了他南征北战的新征途。

第二章 濠州从军 脱颖而出

大元至正十三年（1353），二十二岁的徐达离开自己世代居住的濠州钟离县，跟随同乡流民出身的朱元璋加入濠州红巾军，开始了自己的军事生涯。

不久，濠州义军内讧，朱元璋被劫持为人质，徐达为救朱元璋舍身相替，从此二人遂为生死之交。之后，徐达跟随朱元璋离开是非之地濠州。徐达在朱元璋指挥下，率军破滁州、降巢湖、下集庆，在东南打下一番基业，他的军事才华开始显露，成为朱元璋麾下头号大将。

第一节 首战滁州 奋勇争先

大元至正十三年（1353），徐达和其他七百多名被朱元璋从家乡新募的兵勇来到了濠州城。一到这里他就发现红巾军和他想象的不一样：本以为这些人是为民请命，救天下于水火的豪杰，可是来到这里后，徐达发现濠州城里的红巾军整日忙着争夺蝇头小利，甚至鱼肉乡里，与土匪无异。

随着时间的推移，徐达意识到，问题的根源出在濠州城最高统帅郭子兴身上。郭子兴，定远人，家中排行第二。其父本是一位能说会道的算命先生，早年，濠州城里一位富户看中了他，将自己眼睛有残疾的女儿嫁给他，他也就此在濠州城里安了家。随后，凭借自己的本事和岳父的本钱，郭父在濠州城里终于过上了令人羡慕的好日子，家中财富也日渐增多，人丁逐渐兴旺。

郭子兴生性豪迈，又喜欢舞枪弄棒，广招四方豪杰。适逢元末乱世，白莲教在两淮间信徒甚多，郭子兴开始有了追随白莲教起兵的想法。大元至正十二年（1352），郭子兴趁着红巾军起义的机会，散尽家财，招募四方青年数千人，和定远老乡孙德崖等四人一齐起兵夺取濠州城。

可随着占领濠州城取得阶段性胜利后，郭子兴和孙德崖等另外四位红巾军领袖的矛盾就暴露出来了。五人都自称"元帅"，官位相同，平起平坐、各不相让。而这五路人马中以郭子兴财力最盛，兵力最强，郭子兴认为自己理应成为领袖，只把孙德崖等人看成是自己的手下。孙德崖等人之前长时间混迹于江湖，鲁莽刚烈，有一股难以驯化的匪气，经常在濠州城里抢掠财物。

徐达是朱元璋带来的亲兵，他谨慎少言的性格也得到郭子兴的喜欢,他自然就站在郭子兴一边。可是徐达却渐渐发现郭子兴作为名义上的领袖,其才能和智慧实际上远不如朱元璋。最明显的一点就是郭子兴缺乏城府,他对孙德崖这伙人的轻视和不满根本不加以掩饰,他明里暗里通过逐步削弱他们的实权,来化解这几方势力。孙德崖等人对此当然有所察觉和不满,久而久之,双方矛盾加深,彼此开始暗地里图谋消灭对方。

不久,双方矛盾进一步激化。大元至正十二年八月,徐州红巾军芝麻李部被元军剿灭,他手下两位部将彭大和赵均用率领残部前来濠州投奔郭子兴。虽是残部,可是彭大和赵均用两个人的部队却比郭子兴统领的还多,战斗力也比郭子兴的兵要强。乱世不讲规矩,只讲拳头。于是兵力最强的彭大就成了濠州城里默认的领袖。郭子兴和彭大交好,而忽视了赵均用一方。孙德崖等人见有机可乘,立即挑拨赵均用和郭子兴的关系,他们告诉赵均用说:"郭子兴只知道有彭大将军,却不把赵将军放在眼里!"

赵均用同样是个寡谋之人,易受煽动,再加上脾气火暴,趁彭大出城侦察之机,立即就把郭子兴关押起来。但由于仍忌惮彭大,赵均用也不敢随便杀掉郭子兴,只是想在他面前立威。

听说郭子兴被抓后,朱元璋不敢怠慢,立即带上徐达亲自找到彭大,请他解救郭子兴。此时元军主力虽然从徐州班师回京,但负责治水的重臣贾鲁还带领一支军队准备攻击濠州。大敌当前竟然还在内斗,彭大十分气愤,他向朱元璋、徐达保证:"有我在,没人能伤害郭子兴!"随后他立即回到濠州城,砸破锁械救出郭子兴,将他安送回家。

面对兵临城下的元军，濠州城里的几方势力终于团结起来，正式推举最有能力的彭大为主帅，赵均用为副帅，共同抵御贾鲁指挥的元军，保卫濠州。

贾鲁是大元帝国丞相脱脱手下的一位多面手，既能治河，又能为政，还能带兵。史书称他"幼负志节"，成年后也是"谋略过人"。贾鲁早年从边陲小吏干起，一路直入中书省，深受脱脱器重。后来红巾军起义，贾鲁奉命和脱脱一同平叛，屡立战功，晋升中书左丞。此番由他奉命攻打濠州，在脱脱看来已经是杀鸡用牛刀。

濠州之战，贾鲁在兵力、战斗力、士气上均有优势。按照贾鲁的说法，其麾下有八卫汉军。元代军制一卫约为五千人，八卫就是四万人马。此时濠州城里郭子兴等人的兵力只有一万人，彭大、赵均用的兵力也不过一万多人。而且元军久经战阵，再加上刚刚攻破徐州，气势正盛。反观红巾军这边，作战经验不及元军，再加上此前的一系列内讧，士气低迷。濠州本不算重镇，城墙防御工事远不及徐州。所以贾鲁对打赢这一仗非常有信心。

果然，元军只经七天作战，就已经完全扫清了濠州城外围防御，修好了攻城武器，部队也已经完全做好最后的攻城准备。贾鲁眼看胜券在握，他披挂上马，在全军面前大呼："尔诸将同心协力，必以今日巳、午时取城池，然后食。"他此时已觉取濠州城如探囊取物，要士兵们攻下濠州城再吃午饭！元军振奋高呼，准备攻城。而就在这时，主帅贾鲁突然头晕目眩摔下马来！两军未交战，主帅却倒下，元军顿时军心大乱，贾鲁还想激励全军继续攻城，可副将却下令收兵，全军回营待命。结果贾鲁一病不起，五个多月后，病逝军中。元军没了统帅，也没战斗欲望，很快便全军撤走。

这是徐达第一次见识到元军大军团作战的威力。在元军围攻濠州城的几个月内，他亲眼看见对方几万人在战场上按照号令一同进退，那潮水般的气势比濠州城里的如一盘散沙的红巾军强不止万倍。徐达明白了，只有练出这样一支精兵才能真正百战百胜，他不禁开始琢磨如何指挥大兵团作战，并和朱元璋多次探讨，提出了一些虽然青涩，但是充满思考的想法。

元军退走后，彭大和赵均用自恃兵强马壮，都自称为王，而郭子兴、孙德崖这帮人继续为将帅，这就有些鸠占鹊巢的意思。不久彭大病故，赵均用成了这支红巾军的实际统帅。死对头上台，郭子兴的势力也大不如前。

此时，元军和红巾军主力在河南、两淮一带频频拼杀，濠州是双方争夺的焦点，坚守此地绝非长久之计，这一点所有人都知道。而红巾军内部权力的更迭，让朱元璋、徐达深感坐困孤城毫无希望。于是，朱元璋向郭子兴请求去攻打滁州。

但当时濠州红巾军领袖赵均用的想法是进攻盱眙、泗州，理由是这两个地方靠近运河，十分富庶，而且两地元军兵力不多，红巾军还可以得到亳州方向刘福通的策应，一旦事成，可保暂时衣食无忧。与之相比，滁州四面环山，环境封闭，土地也相对贫瘠，还有两万多元军驻守，是块"硬骨头"。

表面上看，赵均用的想法更为合理，可朱元璋的眼光明显比赵均用、郭子兴要长远许多。他看穿了脱脱将确保运河交通线通畅定为元军的首要战略目标，从这个角度再分析一下战场局势就会发现，元军主力此时仍在运河一带集结，盱眙、泗州虽然兵力不多，但却是淮河联通运河的要道，元军利用水道，随时可以从徐州等地发兵支援。与之相反，滁州虽然守军兵力不弱，但东西南北四个方向上都没有元军主力，相对而言是一支孤军，如遇危机，很难得到支援。

所以朱元璋自信满满地向郭子兴提出了进攻滁州的请求。可郭子兴不同意，一来朱元璋是自己身边最可靠、最能干的部下，需要留下他为自己出谋划策；二来朱

濠州及周边形势

元璋此时已经是统率了几千人队伍的镇抚，是自己的绝对主力，如果他把这支队伍拉走，自己就会被架空，失去了和赵均用等周旋的本钱。朱元璋看穿了岳父心里的盘算，当即向郭子兴表示，自己不带重兵前去，只从刚刚在老家募来的七百人里挑几十个人先去做一番侦察，后再作打算。闻听此言，郭子兴转念一想，觉得去打盱眙、泗州要听命于赵均用，不如给朱元璋一点人去滁州试一下，至少有一条退路，便同意了朱元璋的请求。

第二天，朱元璋亲自前往军营里挑人。从钟离募来的七百

多人中的多数都不愿意离开濠州这个安乐窝，跟着他去吉凶未卜的滁州。这时候第一个起身，果断表示愿意追随朱元璋的人就是徐达，他早就不愿意继续待在郭子兴、赵均用等人身边。现在看到朱元璋前来邀请，自己有机会去打出一片新天地，自然十分乐意。这种敢于舍弃既得利益，追求理想的人生态度，正是徐达的英雄气。乱世之中，成败就在一念之间，徐达成为一代将星，绝非偶然。

结果，朱元璋带着徐达、汤和等二十四人离开濠州，史称"淮西二十四将"，这是日后朱元璋夺取天下的第一笔本钱。对徐达而言，这却是人生中最重要的一次抉择。为什么他会这样选？要知道，作为一代名将，论眼光和忠诚度，徐达肯定是高于常人的，短短几个月时间，他也和朱元璋一样，看穿了濠州城的情况，再加上出于对朱元璋的信任、信义，他义无反顾地跟随朱元璋走出了濠州城。

离开濠州后，朱元璋并没有马上前往滁州，而是带着徐达等二十四个人向南前往郭子兴的老家定远。朱元璋自然知道，仅靠这二十多个人终难成事。他出发前已经想好了下一步怎么走——张家堡有个驴牌寨，拥三千人马，既不属于元军，也不属于起义军，而且他们正面临缺粮的困局，他打算将这三千人马纳入麾下，作为自己军事力量的起点。朱元璋一面委派徐达在定远就地以红巾军郭子兴的名义募兵，一面带着费聚等人前往驴牌寨，想要收编这股势力。

驴牌寨的头领原本和郭子兴有交情，加上寨子里缺乏粮食，也正准备去濠州投靠。朱元璋本来就是郭子兴的女婿和爱将，如今打着郭子兴的旗号去招降驴牌寨，自然名正言顺。可是驴牌寨同时也想看看别的势力会不会出比郭子兴高的价码招降自己，所以他们虽然愿意入伙濠州，却还是要先摆摆谱，抬高一下身价。

眼见朱元璋和费聚等人来到驴牌寨，头领并未亲自出面，只派了两个将领，带着一队人马，以骄横的态度大声喊话，问朱元璋来此意欲何为，大有一句话回答得不满意，就让你们葬身于此的架势。费聚一见这个阵仗，大为惊恐，就准备回去找徐达前来增援。

朱元璋一眼看出这就是虚张声势，他立即喝止住费聚，和费聚下马向对方行礼，并说明来意。出于对郭子兴大军的忌惮，一听来者是郭子兴的女婿朱元璋，这两位驴牌寨的部将不敢怠慢，立即派人禀报头领，出来相见。

驴牌寨头领立即出寨相会，宾主在门外站定。朱元璋当即开口说明来意："郭元帅与足下有旧，闻足下军乏食，他敌欲来攻，特遣吾相报。能相从，即与俱往，否则移兵避之。"

打蛇打七寸，朱元璋的这段话直接说到了驴牌寨头领最关切的几个事。首先他挑明了当前驴牌寨粮食困难，又强调了随时有强敌来攻的危险，所以最好的出路就是投靠郭子兴的濠州红巾军。接下来朱元璋的话也很硬气，明面上是给驴牌寨做选择，实际上这话里是有威胁意味的：朱元璋是代表郭子兴来的，驴牌寨的人马不跟他走就等于拒绝濠州红巾军收编，那么将来驴牌寨缺少粮食或者遭到攻击，濠州红巾军自然不会帮忙，甚至如果驴牌寨碍事，可能会被郭子兴直接武力接管。

此时，濠州红巾军刚刚"打退"了贾鲁几万元军的围攻，小小驴牌寨自然不敢随便说不，于是双方谈好了收编的条件和待遇，驴牌寨头领同意了加入郭子兴部。朱元璋解下自己身上的锦囊作为信物交给他，留下费聚当联络人。驴牌寨头领则送给朱元璋一点牛肉干作为回礼。

朱元璋从驴牌寨回来跟徐达、汤和等人会合时，徐达已经在定远募集了七百多人。朱元璋非常高兴，按这个架势，再募集一千多人，加上驴牌寨中的三千多人，加起来就有五千人马，可以和驻扎在滁州的元军拼一拼了。

眼看这番事业这就有了起色，朱元璋和徐达等人把酒言欢，十分畅快。可三天之后，留在驴牌寨的费聚就跑回来报告，头领不知道从哪里得到了消息，发现朱元璋是在狐假虎威，虚张声势。驴牌寨头领本以为是投靠到郭子兴的大树底下好乘凉，突然得知朱元璋此行是为进攻滁州，想要"空手套狼"，麾下兵力只有刚募来的七百人。驴牌寨头领已经准备毁约。费聚历经万难才跑回来报信。

得知消息，朱元璋立即让徐达挑选三百精锐，由费聚带路前往驴牌寨讨个说法。费聚在驴牌寨的三天时间已经搞清楚了整个寨子的布局，还以金银财物和口头许诺收买了几个寨中小头目作内应。

这是朱元璋、徐达离开郭子兴之后的第一仗。

第二节 元璋被虏 舍身相替

其实驴牌寨头领犯了个致命的错误：他只知道朱元璋兵力不济，却不了解朱元璋是个什么样的人。朱元璋毕竟和正规元军打过几仗，对付这些土匪自然游刃有余。朱元璋当机立断，和徐达率三百精锐连夜赶到驴牌寨，费聚提前留下的内应打开寨门，徐达他们顺利攻入寨子并生擒头领。天亮后，朱元璋召集众人讲话，通知其他人，因头领出尔反尔，背弃约定，已经将他诛杀，以后寨子里的所有部众都归自己领导。这种雷霆手段下，没有人敢反对。徐达随后就带人把这个土匪窝一把火烧了，跟着朱元璋率领这几千人马向滁州前进。

几天之后，费聚利用在驴牌寨得到的信息，又帮朱元璋招降了离此不远的豁鼻山秦把头部八百余人。这下朱元璋终于有了自己的五千人马。他立即将全军重新整编为三部，自己统率三千人，徐达、汤和各自统率一千人。整编之后，朱元璋一面向郭子兴报告，一面率领徐达、汤和继续向滁州进发。

首先挡在他们前面的是滁州西北的重要屏障——横涧山，这里驻扎有两万元军，统帅是张知院和缪大亨。当时大元帝国财力不济，并不能组织起系统的、精锐的大部队，转而依靠各地临时组织的地主武装——"义军"来与红巾军战斗。其中定远人缪大亨指挥着的"义军"是其中的主力。这支元军部队兵力是朱元璋所部的四倍，又占据地利，按照常理，朱元璋完全没有胜算。不过朱元璋敏锐察觉到了对手的弱点——缪大亨"义军"的将士多为定远人，而定远现在被朱元璋控制。朱元璋动员定远的父老乡亲给缪大亨部下大量写信招降。元军内部张知院和缪大亨本来就关系很一般，面对朱元璋的舆论战攻势，两人的关系更加糟糕：张知院害怕缪大亨出卖自己，缪大亨觉得张知院不信任自己，彼此各怀鬼胎，不能齐心抗敌。

此后一个多月，朱元璋、徐达率军和横涧山"义军"相持。其间，朱元璋做了三个动作：一来对其防区进行了异常仔细的侦察；二来徐达通过各种关系搞清楚了张知院和缪大亨实际上分驻两个地方——张知院害怕被缪大亨抓去献给红巾军，自己身边只驻扎了几百从大都带来的精兵；三来他们决定消耗对方的存粮。

一个月后，朱元璋、徐达、汤和议定分兵三路，夜袭元军，其中徐达的任务就是重点攻击张知院驻扎地，争取将他生擒。朱元璋则率领主力负责阻击缪大亨可能派来的援军；汤和率领本部一千人佯攻缪大亨，吸引他的注意力。

徐达根据横涧山的地势，绕过缪大亨的防区，专门攻击张知院的护卫队。张知院身边的护卫队都是元廷贵族，徐达刚刚发起突袭，张知院身边的护卫队立即作鸟兽散，张知院逃往扬州。缪大亨没有逃走，第二天天刚亮，他就和儿子一起率军重新列阵，准备迎击朱元璋。就在这时，朱元璋打出了自己的王牌——让缪大亨叔叔缪贞，前去劝降。经过叔叔一番劝说，缪大亨决定投降。

缪大亨投降之后，被郭子兴重用，后来又总兵统领扬州路兵马，归属刘福通、韩林儿北方红巾军，长期戍守扬州、镇江，挡住了元军主力南下的道路，虽然不受朱元璋节制，但他们彼此之间关系一直很好。

跨过这一关之后，朱元璋、徐达率部顺利占领滁州，终于建立了自己的根据地。

朱元璋此时虽然只是郭子兴手下的镇抚使，但横涧山之战他以少胜多，在两淮一带打出了威名。滁州附近许多英雄人物开始前来投奔，兵力竟然很快扩充到五万多人。这里面就有后来威震天下的名将邓愈，冯国用、冯胜兄弟，也有来投奔的亲戚朱文正、李文忠等人，还有后来大明帝国首任丞相李善长。

而此时，郭子兴被赵均用、孙德崖等人排挤，已经在濠州无立足之地。朱元璋派人把他接到滁州，并主动让出军权。郭子兴见朱元璋将此地五万兵马完完整整交给自己，非常得意，想要在此地称王，这无疑会招来多方势力的进攻，受到朱元璋的坚决反对。郭子兴因此对朱元璋十分不满，开始施展手段，拉拢朱元璋的部下。

徐达作为朱元璋手下头号大将，自然是郭子兴拉拢的重点。他越过朱元璋，把徐达提升为镇抚，和朱元璋平级，想以此离间二人。而徐达十分谨慎，他非但没有按照郭子兴的想法从此脱离朱元璋，反而对朱元璋更加恭敬。

郭子兴的儿子郭天叙等人也频繁设计陷害朱元璋，多亏朱元璋之妻马氏向郭子兴夫人张氏不断送礼，才让双方暂时没有彻底撕破脸。

深感自危的朱元璋决定带上徐达等将领和忠于自己的队伍再度出走，继续向南攻击和州，远离是非之地。

这时天下大势也发生了变化。当时执掌红巾军主力的刘福通一面寻找韩山童之子韩林儿出山主持大局,一面准备攻击亳州;天完政权彭莹玉、徐寿辉在湖北、湖南、江西一带逐渐被渔民出身的陈友谅架空;两淮地区盐商出身的张士诚一度攻下运河南段重镇高邮;海盗出身的方国珍盘踞福建;原属徐寿辉的明士珍准备入川。

至正十四年(1354),大元朝廷内部意识到河南两淮红巾军兵力强大,必须尽快剿灭。丞相脱脱决定调动元军主力发起战略进攻,攻击目标选定为占据两淮重镇高邮、自称诚王的张士诚。这是脱脱当年攻击徐州、打通运河战略的延续。为了一举成功,脱脱调集了近百万大军,双方在高邮城下展开激战。十月,元军大获全胜,夺取高邮,张士诚率残部退入六合死守。

朱元璋力主援救张士诚,郭子兴却非常犹豫。最终,他也怕唇亡齿寒,还是派朱元璋统率全军五万人马援救六合。但此时朱元璋的军事力量远不如元军,他和手下徐达、李善长、汤和、邓愈、冯国用、冯胜等人连连败退。眼见自己辛辛苦苦拉起来的五万人马,要被训练有素又占有绝对数量优势的元军铁骑蚕食,朱元璋当机立断,派耿再成率军在六合附近的瓦梁垒构筑防御工事,掩护全军撤退。

脱脱手下兵力充足,他立即派出一部军马追击朱元璋,希望能够夺回滁州。朱元璋撤退的时候并没有一味逃命,反而派徐达、汤和等人设伏迎击元军。这支追杀过来的元军有数万之多,且多为骑兵。结果徐达、汤和主动利用滁州多山的地形设伏,将元军先头部队围歼在滁州附近的山地中，致使其后续部队不敢前进，撤回高邮。

脱脱得到追击朱元璋兵败的战报，大为不快。他仗着兵多将广，决定再次派出一支部队攻击滁州。朱元璋在元军的强大压力面前展现了自己能屈能伸的一面：他立即派人把缴获的马匹还给脱脱，同时筹集了大批军粮送到元军大营，还带去了一封求和信，信中声称自己只是保境安民，暗示脱脱先打张士诚，并表态绝不会再派兵支援。

脱脱对朱元璋的表态很满意，把他当成了李思齐、张良弼那样趁势而起的"义军"领袖，对朱元璋送来的粮食辎重照单全收，同时决定集中兵力进攻张士诚。

就在脱脱即将攻破六合，剿灭张士诚之时，元廷高层的政治斗争，扭转了战局。

当时，元顺帝亲信哈麻因为得不到脱脱在立太子一事上的支持，害怕脱脱得胜回朝，威胁到自己和太子的地位，便在元顺帝面前不断进谗言陷害脱脱。最终元顺帝听信谗言，下令将脱脱撤职查办。消息传到军中，元军将士悲愤不已，一些亲信见脱脱奉旨离开，甚至以自杀抗议。元军临阵撤将，致使军心大乱，张士诚趁机出战，大破元军，天下大势从此逆转。

眼见元军主力已经溃散，滁州压力顿消，朱元璋、徐达按照计划引军南下攻下和州。

可随着元军威胁变小，红巾军内讧再起。原本在濠州的孙德崖跑来滁州向郭子兴要粮。可连续征战，加上天灾频仍，两淮地区土地荒芜，滁州、和州也开始缺粮，郭子兴还记着当年被孙德崖串通赵均用绑架之仇，不但不给粮食，反而临时起意，把孙德崖当场抓起来了。郭子兴这个举动显然欠考虑，只制服了孙德崖本人，却让他弟弟和部下逃脱了。这伙人刚出城，正遇上朱元璋单枪匹马外出归来。仇人相见分外眼红，孙德崖弟弟不由分说，就把朱元璋抓了，准备拿郭子兴的女婿换回自己兄长。

双方都想要对方先放人，又都怕对方先毁约。场面一度陷入僵持。就在此时，徐达挺身而出，向郭子兴建议，由他先去孙德崖军营里换回朱元璋，而后郭子兴放回孙德崖，孙德崖回营后再放回徐达。

这个以人换人，或者说用徐达的命换朱元璋的命的方案，孙德崖、郭子兴都表示可以接受。于是事件得以解决。

但这件事里面有两个疑问。

其一，到底是徐达主动挺身而出，还是郭子兴派他去的？在《明史》徐达本人的传记里记录的是："达挺身诣德崖军请代，太祖乃得归，达亦获免。"这样看来徐达应该是主动以身相替。但是同一件事，在《明史》郭子兴传记里的记录却是另外一种情况："子兴闻之，大惊，立遣徐达往代太祖，纵德崖还。德崖军释太祖，达亦脱归。"又变成了是郭子兴派徐达去的。其实两个说法并不是完全矛盾的，当时的情景可能是郭子兴让徐达想办法营救朱元璋，最后徐达想出了自己替朱元璋的方法。

其二，还有一个问题值得探讨，那就是凭什么徐达可以换回朱元璋？孙德崖弟弟知道朱元璋不仅是郭子兴的女婿，而且他在郭子兴队伍里的军事能力独一无二,是一个可以换回孙德崖的筹码。如果徐达可以替朱元璋,那么他至少也是一个可以和朱元璋相提并论的角色。由此看来,当时郭子兴还是这支红巾军名义上的首领,虽然朱元璋是徐达实际上的领导,但就官位来看,他和徐达都是郭子兴手下的镇抚,同样战功赫赫,所以徐达在孙德崖弟弟的眼中也是一员举足轻重的大将,只有这样孙德崖弟弟才会同意用徐达交换朱元璋。

结果是徐达这番充满胆气的谋划最终成功,徐达脱身而归后,和朱元璋自此成为刎颈之交。徐达也凭借这次关键时刻的挺身而出,进一步巩固了自己在朱元璋集团的地位。

第三节　从龙渡江　奠基集庆

人质事件解决后不久,郭子兴因为失去了一次向孙德崖报仇的好机会,竟然因郁生疾,很快忧郁而死。这支红巾军首领的位子突然空了出来,究竟谁来继任还要听韩林儿和刘福通的。

因为至正十五年(1355)春三月,刘福通已经在亳州迎来了韩山童之子韩林儿,并拥立他为皇帝,改国号为宋,建元龙凤,正式与大元帝国分庭抗礼。因为韩林儿称帝建国,名义上各地红巾军就都要接受他的统一领导,此时占据滁州、和州的原郭子兴部红巾军自然也不例外。

但是,韩林儿自诩是宋王朝的后裔,把所有精力都集中在夺回宋朝故都开封的战斗上。掌握实权的丞相刘福通也忙着争权夺利，无心过问郭子兴部的事。当得知郭子兴病亡的消息后，他按照惯例任命郭子兴的儿子郭天叙为都元帅接管了这支军队，同时正式任命郭子兴的妻弟张天佑和女婿朱元璋为副都元帅。

对这个安排，以徐达等人为首的"淮西二十四将"——朱元璋的铁杆嫡系，心里恐怕不会太满意。因为这几人中，只有朱元璋文韬武略，志向高远。这支部队的主力誓死效忠的人从前不是郭子兴，现在更不可能是郭天叙，朱元璋开始成为这支队伍实际上的领袖。

朱元璋此时也没有过分计较名位，他接受刘福通、韩林儿的"宋"政权的任命，暂时放下虚名，集中力量执行渡江夺取集庆（今南京）的计划。

朱元璋早就有渡江的打算。刚刚占领滁州时，前来投靠朱元璋的冯国用就曾向他献策，攻打集庆作为根基之地，以此地为根本，征伐四方、平定天下。此前徐达统兵打败了在江北围攻和州的元军，把他们一路赶过了江，因此也曾向朱元璋请求渡江追击元军。但当时朱元璋没有立即采纳冯国用的策略，也没有同意徐达渡江追击元军的请求，不是因为不想，而是确实力有不逮。原因有二：一来集庆重镇兵强马壮，贸然进攻必吃大败；二来朱元璋部一直缺乏水军力量，大军无力渡江与元军作战。

不过就在此时，情况发生了有利于朱元璋的变化。一是江南元军的注意力被吸引到浙西一带。这是因为原本盘踞在淮东一带的张士诚因两淮饥荒决心渡江南下，夺取浙西地盘，扩充实力。

张士诚携大破百万元军之余威而来，整个江南的元军主力都被他吸引到了浙西，导致集庆府以及太平、采石一线兵力薄弱。二是朱元璋刚刚招降了一支得力的水师部队。在得到刘福通、韩林儿任命后，朱元璋趁势招降了巢湖中的水匪廖永忠、俞通海。这两人率领千余艘船投入朱元璋麾下。

自此，朱元璋渡江南下的决心也就定下来了。恰好在此时，朱元璋又收了一员虎将——"常十万"常遇春。

常遇春，字伯仁，濠州怀远人，土匪出身的他，性格剽悍、好勇斗狠、能骑善射，史称他"貌奇伟，勇力绝人，猿臂善射"。他志向远大、渴望建功立业，听说朱元璋为人仗义豪侠，他便装成老百姓，观察朱元璋的德行。在目睹了朱元璋平易近人，视士卒如弟兄，且其部队纪律严明，不害百姓后，他当机立断，投奔效力。

万事俱备只欠东风。于是朱元璋召集徐达、常遇春、汤和等亲信将领进一步研究战场形势。当时江南元军主力已经被调往浙西迎击张士诚，留在江边布防的兵力约三万人，集结在采石、太平方向。元军统帅是大元帝国开国元勋木华黎后代纳哈出，他把大本营设在太平。刚刚被元廷收编的"义军"水师张野先、康茂才部约三万人马，近千条战舰也在江面机动，元军集庆方向还有一万人马，总兵力有约七万人。朱元璋全军兵力在五万左右，面对这样一条防线如何突破，需要进一步的研究。

朱元璋分析了元军的布阵情况，认为绕过太平、采石，直接攻击集庆属于乾坤一掷的豪赌，一旦失败没有任何退路可言，必然全军覆没。他的想法还是需要先在江南建立一个属于自己的据点，然后向集庆攻击前进。一贯用兵稳重的徐达带头表示赞同，其他人也没有异议。

大元至正十五年夏五月，朱元璋下令全军出击。廖永忠、俞通海率千艘战船利用巢湖涨水，突破元军水师统领蛮子海牙扼守的隘口，冲出巢湖，突入长江。随后，廖永忠水军控制江面，准备从牛渚渡江。六月，朱元璋亲率大军过江，命徐达、常遇春为先锋，兵锋直指牛渚。元军主将纳哈出并没有料到朱元璋部会攻向集庆，所以元军在牛渚一带抵抗力微弱。

此长彼消之下，朱元璋的红巾军表现得异常勇猛。先锋常遇春奋勇当先，直接从船上跳上江岸，手持长戈在元军之中来往冲杀，无人能挡。徐达立即率军紧随其后登岸冲杀，刚刚在江北吃过败仗的元军，完全抵挡不住这等攻势，如同惊弓之鸟，四散奔逃。朱元璋所部轻而易举占领牛渚，徐达率部一路追击元军溃兵，趁势攻下采石。这样一来朱元璋部在江南有了立足之地。

当时淮西久遭灾害，粮食匮乏，江南物产富饶，拿下牛渚、采石后，许多兵将就急着把元军屯在这里的粮食运回和州、滁州救济自己家眷。眼见自己手下这种小富即安的土匪做派，朱元璋只得来到码头找徐达商议。

朱元璋向徐达交了底：这次渡江他就不准备再回滁州、和州，而是准备拼死一搏，争取入主集庆，只有这样才能进一步夺取江东。如果这次只作掠夺便撤回，一旦元军回师集庆或者张士诚夺取浙西后西攻集庆，那么再想回来抢这等要冲之地，可就难于登天了。所以这一次渡江只能进,不能退。除非夺下集庆作为据点,否则等待他们这个小集团的命运只可能像徐州芝麻李一样被消灭,或者被张士诚、刘福通彻底收编,又或者被大元帝国朝廷招安。这对心中挂念着夺取天下的朱元璋来说是不能接受的。

同样胸怀天下的徐达对朱元璋的这番分析深表赞同。为了向全军传递朱元璋的决心,徐达立即召集手下,将已经装船的粮草辎重搬回岸上,而后又下令将缆绳全部砍断,效仿当年项羽破釜沉舟、韩信背水一战,以示此次出战有进无退,要一鼓作气夺取集庆。

朱元璋见徐达对自己的意图领会和执行得如此彻底,从心底里更加信任徐达。他立即召集众将,佯装迁怒徐达,将他训斥一顿后,对其他人说采石离太平很近,现在已经到了采石,就应该一鼓作气拿下太平。这些手下眼见已无退路,也只能同意,于是全军集合向太平进发。

太平城内的元军守将纳哈出手上兵力不足,准备也不足,结果太平很快被攻克,纳哈出也被徐达俘虏。朱元璋对这位大元帝国开国功臣的后代十分尊重,不但没有为难他,还以厚礼相待,后又主动放他北归。朱元璋放纳哈出北归的目的之一是要让他代自己向元顺帝解释:朱元璋部只是为了保境安民,不敢和朝廷作对,一旦有机会还请朝廷早日派人前来招安。

当时元顺帝已经听信谗言,罢免了丞相脱脱。另一位猛将察罕帖木儿在中原大地屡战屡胜,得到元顺帝的信任,成为大元帝国的新救星。此时刘福通、韩林儿统率的红巾军主力分兵几路在河南、山东、山西、陕西一带和察罕帖木儿组织的"义军"展开拉锯战。这一系列战役正好堵住了元军南下之路，此时朱元璋只需要稍稍示弱，不引起察罕帖木儿和元顺帝的注意，自己先按照朱升的计谋"高筑墙、广积粮、缓称王"韬光养晦一段时间，待到羽翼丰满再和元军主力一争天下。而且这番示弱的最主要目的，就是争取时间拿下集庆，同时解决内部问题。

刚刚打下太平之后，朱元璋约束全军，禁止在江南欺压、掠夺百姓，又杀了几个违反军纪的害群之马，把包括徐达在内的所有高级将领全部纳入自己的府中，并在此地成立了太平兴国翼元帅府。这样一来，朱元璋实际就用自己的翼元帅府架空了都元帅郭天叙和另一名副都元帅张天佑。郭天叙、张天佑眼见朱元璋收买人心，杀人立威，又成立翼元帅府架空自己，两人决定联合，试图控制或者削弱朱元璋。不过他们还没来得及下手，元军就对太平展开了反扑。

至正十五年六七月间，太平城被元军多路围攻。在巢湖湖口被击败的元将蛮子海牙和驻防集庆的阿鲁灰合军一处，派陈野先、康茂才两人率水军先行攻打太平，自己率陆军随后跟进。陈野先和康茂才原本是湖北蕲春渔民出身，都已统率水军多年，他们的水军战斗力不弱，但这两个人不熟悉朱元璋、徐达的战法，两人大摇大摆地行至太平城下时，徐达和邓愈早就埋伏在襄城桥。

陈野先的部队刚到城下，徐达、邓愈突然截断襄城桥，很快就把这路部队围住了，另一边常遇春又带队从城里杀出来，一番猛攻下，元军纷纷卸甲投降，陈野先本人也被朱元璋生擒，康茂才侥幸逃跑。

听说前军败了,蛮子海牙和阿鲁灰立即停止前进,就地布防等待进一步的消息,元军的围攻也暂时告一段落。

八月,朱元璋命令徐达、常遇春统兵攻击集庆外围东方的句容、东南方的溧水,同时命令汤和、邓愈统兵攻打太平南方的当涂,扩大自己的根据地,进一步孤立集庆。

为什么朱元璋要这样迂回,而不是直接进攻集庆呢?据说这是陈野先给他出的主意。陈野先被活捉后,诈降朱元璋,他向朱元璋献计攻打集庆。陈野先向朱元璋介绍了当年隋朝杨素、韩擒虎、贺若弼攻克陈国都城建康的历史,并提出了自己相应的作战计划:

今环城三面阻水,元帅与万军联络其中,建寨三十余里,攻城则虑其断后。莫若南据溧阳,东捣镇江,据险阻,绝粮道,示以持久,可不攻而下也。

这一招和几百年后曾国藩兵围太平天国天京城(今南京)的策略比较类似,相当于肃清集庆外围各个据点,断绝集庆粮道供应,同时准备对集庆展开持久作战。但是朱元璋不同意他的策略,提出了自己的计划:

历代之克江南者,皆以长江天堑,限隔南北,故须会集舟师,方克成功。今吾渡江,据其上游,彼之咽喉,我已扼之,舍舟而进,足以克捷,自与晋、隋形同势异。足下奈何舍全胜之策，而为此迂回之计邪？

朱元璋认为，从历史上看，平定江南，夺取集庆之地，都是要凭借水师，从上游攻击。如今自己的水师已经控制了这一带的江面，自己又已经攻下太平一带，自己完全有能力直接攻克集庆。

按理说朱元璋的这个策略确实太急切了一些，但当时的情况不急不行。此时张士诚已经从通州一带渡过长江，正在围攻常州，眼见指日可破，如果按照陈野先的计策，长围久困集庆，一旦张士诚攻下常州，挥军向西来攻集庆，朱元璋就有可能被元军和张士诚部合击，完全丧失主动权。

现在最关键的是时间，必须要抢在张士诚之前拿下已经成为孤城的集庆。

陈野先见朱元璋要急攻，突然改变态度决定当先锋。郭天叙和张天佑这两个名义上的主帅也怕朱元璋再立战功，彻底取代自己的地位，于是两人决定一同和陈野先率先头部队过秦淮河，攻向集庆。朱元璋同意了。

以朱元璋的精明，应当看得出来陈野先是诈降，或者至少对他的投降持谨慎态度。而他却任由急于立功的郭天叙、张天佑率军跟随陈野先先头部队向秦淮河发起攻击。为了配合这次攻势，徐达、常遇春领兵从句容一带迂回支援，邓愈、汤和等人率军从溧水支援，朱元璋率部在后，名为接应，实为伺机而动。

这次攻击集庆的战斗，陈野先果然临阵叛变，郭天叙、张天佑被杀。徐达、常遇春、邓愈、汤和也没有攻下蛮子海牙和阿鲁灰的阵地。不过，陈野先也没有好下场，随后也被民兵所杀。不过这些民兵到底是谁的部下，却已经无从考证，成了千古之谜。不过，朱元璋对此战的态度十分明确——当他听说前军兵败，郭、张二人被杀后，立即下令回军太平，根本没有继续进攻集庆的意思。此战后，朱元璋名正言顺地接替郭天叙成为这支义军的最高统帅。

双方再度陷入对峙。至正十六年（1356）正月间，蛮子海牙率领水师围攻采石，企图和阿鲁灰一起从集庆、采石两个方向围攻太平，消灭朱元璋。朱元璋派遣徐达、常遇春应战。蛮子海牙手下的水军大多是原来陈野先、康茂才的部下，陈野先一死，这些人难成气候。加上徐达、常遇春等勇猛无敌，早已令元军闻风丧胆，他们根本不敢多作抵抗。结果一仗下来，元军全军覆没，蛮子海牙只身逃跑。元军的围攻再次被朱元璋粉碎。

二月，传来张士诚攻破平江的消息。朱元璋不再犹豫，全军集结，攻向集庆。此时，经过一年多的战斗，元军在江南的兵马已经在平江、采石一带消耗得差不多了，集庆只剩下一万多守军。朱元璋反倒是一直在收编、扩充部队，总兵力已经超过八万。

集庆剩下的这点兵力自然抵挡不住徐达、常遇春等悍将的猛攻，主将阿鲁灰逃走，康茂才投降，守城御史福寿自杀殉国，朱元璋终于夺下大元帝国在江东最重要的城池——集庆。此战后，朱元璋获得军民五十万，缴获船只、火炮、粮草辎重不计其数，有了一争天下的本钱。

攒下"第一桶金"的朱元璋，改集庆为"应天府"，表明自己是"顺应天命,代天行事",加封徐达为淮兴翼统军元帅。在此之前,徐达一直都在朱元璋直接指挥下作战,没有独当一面的机会。开府应天后,朱元璋大部分时间坐镇大本营,自此,徐达有了大展拳脚的舞台。

第三章 鏖兵金陵 积蓄实力

自从至正十一年元末乱世拉开序幕，经过五年战乱，朱元璋、徐达等人率军历经艰险，攻占集庆，改名应天。朱元璋集团成为元末群雄之一，坐上了浴血搏杀、争夺天下的赌桌。

徐达在此期间的表现堪比秦之白起、汉之韩信、唐之李靖，是朱元璋在天下赌局中的一张王牌。他挥师东讨张士诚，西战陈友谅，百战百胜，帮助朱元璋集团由小变大、由弱变强。

第一节 天下赌局 五强争霸

至正十六年，朱元璋改集庆路为应天府后，正式加入元末乱世天下争夺者的行列。而大元朝廷，却好像对这场赌局的输赢压根不感兴趣。

元末天下祸乱根源就在大元帝国中枢的混乱。前文提到，本来河南、两淮间的红巾军起义和张士诚起义规模并不大，如果元顺帝能够一直信任脱脱，让他统率百万元军，先打通运河、恢复漕运，再将起义军各个击破，大元帝国还有希望。不过，因为卷入元顺帝时期太子之争，脱脱得罪了皇帝的近臣哈麻。在哈麻不断煽动下，脱脱逐渐被皇帝疏远。就在脱脱即将攻克六合，打通南北漕运之时，元顺帝突然废除了脱脱中书省相位，将其流放。战事功亏一篑，朝内的其他大臣仍在忙着敛财夺权。

至正十六年十二月，由于南方长期叛乱，漕运几乎完全断绝，原本依赖江南粮食转运供养的元大都开始缺粮。为了缓解燃眉之急，元顺帝命令大司农在雄州、霸州等地草场屯粮。但此举仍然是杯水车薪，只能解决元大都的口粮问题，更难以满足大部队集结的需求。黄河以南长期战乱，运河不通，粮食不足，何以动兵？这导致在此后多年内，大元帝国对整个黄河以南地区处于一种皇帝不想管、军队不能管、地方管不了的尴尬状态。

而此时天下的势力，已经分为五股，分别是：大元帝国最后的名将，大元中书兵部尚书察罕帖木儿；在亳州称"宋帝"的红巾军最高领袖"小明王"韩林儿和丞相刘福通；富甲天下，割据淮东、浙西，自立为王的私盐贩张士诚；纵横两湖间，立志要压大元帝国一头的"天完"政权徐寿辉、倪文俊、陈友谅；还有刚刚拿下集庆、改名应天府，名义上还在韩林儿麾下的朱元璋。

军事实力最强的一股势力当属察罕帖木儿的"义军"。察罕帖木儿，颍州沈丘人。他脸上长有三颗痣，痣上还有三根毛，据说生气时毛会竖起来。察罕帖木儿长相虽然凶,却是通过科举考取功名的。至元十一年,红巾军起义在河南爆发,一时之间大元帝国朝廷拿不出兵力来扑灭红巾军,察罕帖木儿遂自行募兵数百人,和信阳人李思齐合兵一处,组织"义军",报效朝廷。

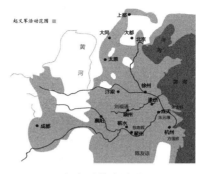

红巾军势力范围

原本没有人看好这支临时拼凑的军队,但察罕帖木儿的战绩确实傲人。他的队伍先是扫平汝宁府境内红巾军,而后转兵虎牢,激战孟津,粉碎了红巾军一举攻入河北的战略计划。至正十五年,察罕帖木儿与红巾军主力三十万人在河南中牟决战,激战中,察罕帖木儿利用大风扬沙天气,顺风布阵,率铁骑攻破红巾军中坚,大破红巾军主力,又追杀红巾败军十余里,斩获无数。

此些战役后,察罕帖木儿威震天下。原本就不关心政事的元顺帝干脆把平叛事宜全部委托给这位智勇双全的猛将,让他全权指挥元军平叛。

察罕帖木儿也没有让元顺帝失望。此后,他率军纵横黄河南北,破潼关、平陕西,百战百胜;马踏山东山西,战太原、平济南,千里纵横。更为难得的是,察罕帖木儿深得元顺帝信任,也得到了大元朝廷的最大支持,能够在所辖地域便宜行事、杀伐决断、令由己出。在至正十六年至至正二十年这四年间,他是最有希望帮助元廷平定天下，使天下重归一统的人物。

但察罕帖木儿的问题也是大元帝国的老问题——军事上所向披靡，政治上无能为力。虽然他能无数次击败红巾军，但他的敌人反而越打越多，他既无法从根本上解决帝国内部的各种矛盾，察罕帖木儿的出身也让他不能得到汉人的认可与支持，所以他最终难以避免地走向败落。

第二股势力是从白莲教发展而来的红巾军势力——"小明王"韩林儿、丞相刘福通的"宋"政权。这股势力起义最早，当初韩山童自称"宋徽宗八世孙"，以恢复大宋江山为号召，以白莲教的名义秘密结社传播多年，在江淮一带非常有号召力，称得上一呼百应。起义后，红巾军迅速控制了江淮、江汉一带，并定都亳州。

韩山童被杀后，整个组织陷入混乱。从实际上看，韩山童的儿子韩林儿是"四大护教法王"之首刘福通的傀儡。四大护教法王刘福通、杜遵道、罗文素、盛文郁虽然在奉小明王为主这一点上能够很快达成共识，但是在对于谁来临朝秉政这一点上却争斗不断。

韩林儿本人也不甘于做傀儡，他联合最早入教的杜遵道，想要限制刘福通的权力。结果刘福通"矫诏"将杜遵道当街斩杀，然后让韩林儿封自己为丞相兼太保，他的弟弟则掌握了枢密院兵权。经此一事后，韩林儿再也不敢有别的想法，罗文素、盛文郁二护法也听命于刘福通。

不过，刘福通杀掉杜遵道，也带来许多严重的问题——原本就组织松散的北方红巾军从此开始激烈内斗。不在刘福通控制范围内的郭子兴、徐寿辉等人也只是表面服从，暗地里各自为政。加上杜遵道原代表红巾军中受过传统儒家教育的一类知识分子，这位策划当年黄河石人事件的谋略家被清除后，北方红巾军兵力虽然强大，但却彻底沦为一支流寇武装。刘福通也并不能完全指挥全军，他们攻下城池后往往不能守住，而且军队纪律涣散，经常劫掠百姓，甚至出现了"啖老弱为粮"这种骇人听闻的场面。

缺乏战略规划，残暴对待百姓，本身又不能吸纳人才，这支兵力最多时达到百万，从河南两淮打到陕西、山西甚至辽东的红巾军注定失败。

第三股势力——张士诚，也是最为富庶的一股势力。张士诚原本是泰州的私盐贩子，因不愿意忍受当地官吏和富人的欺压，趁着红巾军在淮西大起义的时候，伙同李伯升、吕珍等十八个人一起杀了官吏占据泰州响应起义。张士诚有军事眼光，势力迅速坐大，他迅速攻占淮东重镇高邮。此后，他建国号大周，自称大周诚王，改元天佑。

高邮是大元帝国运河南端的重要集散点，在高邮以西的湖中常年停泊大量运粮船，保障元大都的生活，所以这里成为双方争夺的焦点。至正十四年，脱脱统率百万元军猛攻张士诚，结果就在攻破高邮，围攻六合，即将全胜的关键时候，脱脱被撤职，张士诚趁势反扑，大破百万元军，从此名震天下。

此后几年，河南两淮连年遭灾，张士诚率军跨过长江，一路攻占常州、平江、湖州、嘉兴、松江、杭州一带。这里是中国最富庶的区域。之后，张士诚接受大元帝国招安，正式成了大元吴王，割据一方。

论地盘，张士诚占领的土地纵横两千里，从淮东到浙西，首都平江更是城坚池深，易守难攻。论财富，他每年甚至要供应十一万石粮食给元大都。论战力，跟随他多年的核心班底张士信、张士德、李伯升、吕珍等人都骁勇善战，堪称当世名将。论军队，张士诚总兵力有数十万人马，更有一队银盔银甲重装精兵，号称"十条龙"，彪悍异常。

但是张士诚有一个致命的问题：空有实力，没有野心。拿下浙西之后，他只想就此割据一方，不想再陷入征伐。他的手下和他想法一样，不思进取。

第四股势力——徐寿辉、倪文俊、陈友谅的"天完政权"。这股势力中徐寿辉是河南江北行省蕲州路罗田县人，早年是个布贩子；倪文俊是河南江北行省黄州路黄陂县人，陈友谅是河南江北行省沔阳府沔阳县人，此二人都是渔民出身，早年间就在长江上打鱼为生，熟悉水路，善用水军。陈友谅曾在官府当过小吏，粗通文墨。早年陈友谅是倪文俊的下级，两人关系甚密。

这支队伍中还有铁匠出身的道士兼军师麻城人邹普胜、与朱元璋手下廖永忠兄弟出自一脉的巢湖水匪赵普胜。"天完"军纵横湖广、江西，一路从蕲春向西，分出明玉珍一支夺下四川，一路由庐州向东，一度占领太平，攻克杭州，成为南方红巾军主力。可惜这支军队的精神领袖和灵魂人物彭莹玉在瑞州战死，导致内部分裂动荡。

总的来说，占据两湖产粮区的"天完"政权，兵力强大，特别是纵横长江的水军力量，超过当时其他所有势力。面对元廷的多次招安，"天完"政权诸位领袖始终坚持对抗大元，决不投降。

最后的一方势力就是刚刚占据集庆、登上赌桌的朱元璋。如果分别比较骑兵实力、政治号召、财力和水军等每个方面，朱元璋集团都不占优势。骑兵实力方面，他比不过百战百胜的察罕帖木儿；政治号召方面，他比不过以"宋王朝苗裔"自居的北方红巾军刘福通、韩林儿；论财力，他不及占据江浙沪地区的张士诚；论水军，他比不过拥有精良舰队的徐寿辉、陈友谅等。

朱元璋集团真正的优势是内部团结和战略眼光：内部团结方面，以"淮西二十四将"徐达、汤和为核心班底，又补充了李善长、常遇春等，他们是淮西同乡，彼此没有隔阂，能够精诚团结，凝聚在朱元璋身边，形成强大战斗力；战略眼光方面，其他势力缺乏既定目标和长远计划，只有朱元璋集团在打下集庆后，尊儒奖农，采纳朱升"高筑墙、广积粮、缓称王"的战略，发展农业生产，招纳训练士兵，巩固根本，为日后夺取天下奠定基础。

且看鹿死谁手，花落谁家。

第二节　远交近攻　东征常州

至正十六年三月，朱元璋被韩林儿封为吴国公，可以自行节制江南行中书省，但此时朱元璋集团的处境并不乐观。

从军事形势上看，朱元璋处于多重包围之中：元将定定驻守的镇江在其东，距离应天不到两百里；别不华、杨仲英驻守在东南方向的宁国，阻断了朱元璋南下的道路；张明鉴的一支青衣军占据扬州，与其隔江相对。这是包围圈的内层。南面稍远一点的八思尔不花在徽州、石抹宜孙在处州、石抹厚孙在婺州、宋伯颜不花在衢州。西面长江中游的池州被徐寿辉控制，而在江北安庆驻守的就是"天完"政权第一猛将"双刀"赵普胜。镇江以东是张士诚的地盘，和朱元璋一样，他也是刚刚攻下平江一带，还没来得及充分消化。

在和李善长、徐达等核心成员以及刚刚投靠自己的浙东才子杨宪等人一番商议后，朱元璋决定采取"远交近攻"的策略来稳固根基，扩张势力，先解决离自己最近的几支元军部队，而消灭包围圈内层的扬州张明鉴、镇江定定和宁国别不华、杨仲英，就成了他此时的必然选择。

当然内圈这几支队伍也不是"软柿子"。张明鉴的青衣军有万余人；定定在镇江的驻军是当年脱脱围攻高邮的精锐部队，虽然人数不多，但是从集庆逃走的元军残部大多汇集在这里，也不容小觑；宁国兵力最强，加在一起十万人之多，且占据区域更大，地形更复杂，最不好进攻。

经过一番研究，朱元璋决定把攻击重点首先放在镇江。朱元璋、李善长守在应天，处理政务，运筹帷幄。徐达率军攻击镇江，同时由邓愈率军进攻广德路山区掩护徐达侧翼，切断对手可能与援军的联系，待夺取镇江后，再会师南下一举拿下宁国。

至正十六年春三月，徐达、汤和率三万精锐出征。镇江既是应天东面门户，也是沿江重要渡口。徐达、汤和的部队刚过龙潭，就和定定部准备收复集庆的元军遭遇。两边拼杀了半日，双方都有消耗。

　　徐达对元军的反击早有准备，他见元军主力被自己吸引在龙潭，断定镇江守军不多。于是他命令康茂才和廖永忠部水师一起沿江东下，不到半日就从镇江水门攻入城内。守在城里的定定还不肯放弃，和守将段武一起和朱元璋的军队又搏杀了半日，最终寡不敌众，两人先后被杀。听说镇江失守，还在龙潭和徐达、汤和对峙的元军不战而散。

　　两天后，徐达、汤和自仁和门进入镇江。这是徐达作为主帅的第一仗，攻破镇江之后，徐达严明军纪，对百姓秋毫无犯，众多的百姓对朱元璋有了好的印象，徐达升任为淮兴翼统军元帅。徐达正式成为吴国公府第一战将。

　　朱元璋历来推行"克城以武，戡乱以仁"，乱世之中，唯有对百姓仁爱宽大，才能获得更多的支持。而这也是徐达一直秉持的治军理念，两人在这一点上高度契合。

　　就在徐达攻下镇江之时，邓愈也率军成功攻克广德。眼看进展顺利，朱元璋决定两军会师，以徐达为主帅攻向宁国。

　　这一仗打得就没有那么顺利。宁国路地处山区，宣城、宁国两县之间道路狭窄，行军困难。就在徐达的主力部队陷在宁国山地时，已经平定浙西的张士诚突然发难，调动军队向应天发起进攻。

　　事情还要从至正十六年年初说起。当时张士诚已经把自己的首府从高邮迁到平江。朱元璋立即派刚刚投靠他的浙东士子杨宪给张士诚送去一封信：

> 昔隗嚣称雄于天水，今足下亦擅号于姑苏，事势相等，吾深为足下喜。睦邻守境，古人所贵，窃甚慕焉。自今信使往来，毋惑谗言，以生边衅。

朱元璋在信里把在平江称王的张士诚比作东汉初年割据西北天水的军阀隗嚣，之后说明写信的意图是希望双方友好往来，不要彼此轻易再开战端。但这封信从张士诚的角度来看，却十分无礼：朱元璋把张士诚比作隗嚣，那岂不是把自己当成统一天下的东汉光武帝刘秀？

于是张士诚一面扣押了杨宪，一面以三弟张士德为主将，调动四万精兵从常州、常熟出发，水陆并进，企图趁朱元璋立足未稳，一举攻破应天。

张士德能征惯战，张士诚在浙西的地盘多由他攻得。此番出兵，他已获知朱元璋主力被徐达带到了宣城、宁国的山区，他一面命令朱元璋部叛将陈保二带领水军一万，围攻镇江，吸引朱元璋剩余的部队，一面调动水军主力三万，在张德、汤元帅二位部将统率下，逆江而上，绕过镇江直扑应天。张士德自己则在常州指挥全军。① 张士诚还派另一个兄弟张士信和大将吕珍率领两万

---

① 《明史》载：时张士诚已据常州，挟江东叛将陈保二以舟师攻镇江。

人马攻打常州以南的宜兴，作为偏师保障张士德的南翼安全。

当时镇江守将是汤和，他也是最早追随朱元璋的将领，随朱元璋南征北战，勇猛过人。可这次，因为兵力不够，他把主要精力都集中在对付陈保二的偏师上，上了张士德的当。

眼见张士诚军主力已经绕过镇江直扑应天，张士德在常州颇为得意。结果就在张士德的水军主力在距离应天还有一天路程的龙潭驻驳休息的时候，徐达率领主力部队赶到了龙潭。

原来四月初，徐达得知张士诚出兵应天的消息后，立即放弃攻击宣城和宁国，回师紧急救援应天。为了全速回军，徐达还做了非常安排：让邓愈统率主力撤回芜湖，把全军的战马集中起来，交给常遇春，让他率五千精锐，抛弃辎重，只带干粮，以一天二百里的速度，从陆路紧急回援应天。徐达一面派人通知廖永忠将水军船只集结在芜湖听用，一面亲自率领五百重骑兵前往芜湖，只用一天时间，徐达便从宣城赶到芜湖边，之后紧急从太平路征调一万男丁上船充作军士。

徐达登船的同时，朱元璋也立即令留驻应天的康茂才水师一万人做好准备，一旦廖永忠归来，两军会师一并迎敌。终于，徐达和廖永忠赶在敌人之前回到应天和康茂才部会师。

此番回师保应天，徐达不但证明了自己的军事能力和统筹能力，更证明了自己的忠诚。待与朱元璋见面后，徐达就向他表示：如今看来当初远交近攻的战略只成功了一半——张士诚此番来犯，必须给予他迎头痛击，才能安心向江西、浙东一带继续发展。为此，徐达认为这一仗不仅要打退在龙潭的敌军，还需要乘胜向常州发起一场大规模的反击。

徐达提出，应天以东只有镇江这一个屏障，对于己方来说战略纵深太浅，必须向东前推至江阴、常熟一线，这样既可以加大战略纵深，又能将张士诚占领的淮东、浙西彻底分开。为此必须先攻克常州。另外，张士诚此时已经攻下湖州，为防止他从太湖以南绕道宜兴，经溧阳攻向应天，还必须把东南方向的战线推进至长兴。这样一来，从战略上来讲，张士诚集团淮东、浙西不能相连，同时控制江阴、常州、宜兴、长兴这四个要点，就可以控制太湖水域，完全挡住张士诚西攻应天的道路。虽然现在还不可能攻灭善于守城的张士诚，但这样一条防线一旦形成，朱元璋向长江中游发起进攻，将再也不会受到张士诚的干扰，只要完全拿下湖广、江西，那么再回过头来对付张士诚就简单多了。

此番分析部署充分展现了徐达精准的战略眼光。这一年他才二十八岁。

朱元璋完全赞同徐达的提议，决定首战张士诚即是决战，他立即让李善长动员辖区所有能调动的部队，全部归徐达指挥，向在龙潭的张士德三万水军发动夜袭。

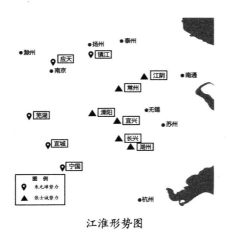

江淮形势图

张士德此时还认为徐达主力在宣城，正常赶回应天需要十多天，即使急行军也要七天左右，现在自己从常熟出发的水师三天就已经到了龙潭，只要天亮就可以对缺兵少将的应天府发起致命一击。

可就在当天晚上，张德、汤元帅两部的水师，突然就被徐达、廖永忠夜袭。措手不及之下，两人只得逃向镇江，岸上的部队又遭到急行军赶回来的常遇春骑兵一阵突袭，损失惨重。徐达、常遇春在龙潭破敌后，马不停蹄，连夜水陆并进，一同奔赴镇江。

天明时，正于镇江城外攻城的陈保二和守城的汤和同时发现徐达的将旗已经出现在不远处。汤和立即转守为攻，打开城门杀了出来，被内外夹攻的陈保二部军心大乱，全军溃败。

连续一天一夜的激战后，徐达下令步兵略作休整，之后以常遇春统率的骑兵为先锋，马不停蹄地经丹阳攻向常州城。张士德把四万人马都放到长江水师中，结果水师被徐达夜袭击溃，只能在江阴、常熟等港口收集残兵，重整编制。他原本以为徐达既获胜利，应当还要休整一段时间，没想到徐达不给他丝毫喘息之机，已经快速杀到常州城外。常州城里只有不到五千的老弱残兵，张士德只能关门死守，等待救援。

此时，朱元璋的主力部队的四万人还在邓愈统率下，处于溧阳一线。但徐达依然命令康茂才、廖永忠率本部水军两万余人配合汤和攻击江阴，消灭张士德剩余水师。他自己带着常遇春的五千骑兵和李善长刚刚募集的两万多新兵，完成对常州的包围。

常州被围的消息传到平江，张士诚终于意识到了朱元璋和他麾下的徐达、汤和等人确是劲敌，不能轻视。他决定重新调集部队，同时假意谈判。这种缓兵之计，朱元璋自然不会上当，他一面抓紧时间部署兵力，一面派人回报张士诚，指责是对方擅自扣押杨宪，又主动派兵进攻才引发这场战火，张士诚难以做出回应。双方继续调兵遣将，又一场大战一触即发。

第三节　力破士诚　问鼎东南

徐达向朱元璋建议夺取江阴、常州、常熟、宜兴、长兴一线，从西北围绕太湖，建立一道防御张士诚的防线，确保应天府的安全。得到同意后，徐达乘胜率军反过来率领刚刚集结的兵马进围常州。一时之间，战场形势逆转。常州反而因为兵力不足被徐达包围。

眼见兵至城外，将至壕边。刚刚定都平江的张士诚猛然意识到，常州一旦失守，自己首府平江以西只剩下无锡一座城池可以作为屏障，而且自己的辖区被切成了两段，想要联络只能通过常熟一地，这种处境将会十分危险。自己必须保住常州，才能和朱元璋继续周旋下去。

双方都下定决心，常州之战就成了决定双方谁能定鼎江南的一仗。张士诚把最精锐的"十条龙"银盔银甲军调给张士德，加上其余各部共约三万人马，在无锡重新集结，前往常州解围。

此时在常州南翼的宜兴战场上，张士信和吕珍取得了胜利。他们攻破了朱元璋麾下大将耿君用的防御工事，耿君用战死宜兴，残部在其子耿炳文的统率下撤向常州，和徐达合兵一处。

徐达这边的主力在邓愈手里，因为宜兴失守，所以需要绕道句容一线才能赶到常州。徐达判断常州城内兵力不多，必定不敢突围，而张德、汤元帅率领的三万多水师正在江阴重新整编，随时可能从东北面救援常州。另外，常州到宜兴有一条宜常漕河相连接，而此时宜兴已经被张士诚军控制，徐达判断敌军很有可能从南面增援常州，所以他决定派汤和、吴良率镇江守军并廖永忠、康茂才水师攻向江阴；派常遇春率本部精锐骑兵和一万多新军，向南经过宜常漕河攻击宜兴，阻截张士信、吕珍部；自己率领两万新军继续包围常州，监视无锡；命人催促邓愈四万主力大军立即向常州开进，只要坚持到邓愈赶到，徐达就有足够的兵力攻下常州，并进一步扩大战果。

张士德、张士信、吕珍也非泛泛之辈，他们刚拿下宜兴，士气正旺，当年在高邮对阵脱脱百万大军都没有怕过，何况现在对手在常州一线的兵力不过两万人马。

眼见徐达兵分三路，张士德决定先集中全军兵力解常州之围，然后全军向南进一步控制宜兴地区。张士德传令江阴张德、汤元帅立即向常州发起反击。张士德派张士诚麾下骁将五太子率"十条龙"银盔银甲军一万人为先锋攻击徐达。这位五太子是张士诚的养子，虽然身材矮小，但武艺高强，能征善战，水性极佳。张士德亲自统率两万人马从无锡出发解常州之围；张士信、吕珍率军两万从宜兴方向攻向常州。这样一来，张士诚对常州之战已经投入了八万人马，包括最精锐的"十条龙"银盔银甲军。

这时，徐达麾下汤和、吴良、廖永忠、康茂才等人的三万人马正在攻击江阴，常遇春的一万多人马正在向宜兴前进，而徐达此时手中只有两万人马，而且大部分是临时征召过来的新兵，对比从四面八方赶来的张士诚军，数量上占绝对劣势。而在战力上，徐达的两万新兵跟五太子统率的久经沙场、装备精良的"十条龙"更是无法相提并论。

朱元璋得知战场情况危急，也派人给徐达送信，建议徐达应当立即攻下常州，这样就会把敌军北翼江阴的赵德、汤元帅，东翼无锡的张士德、五太子隔开，徐达便能占据先机。

徐达第一次面临处在战场中心位置、被几路围攻的严峻考验。而这种考验，就是对一名将领的试金石。二百多年后的努尔哈赤在萨尔浒、三百多年后拿破仑在意大利都遇到了和徐达此时一样的处境——身处中心，四面受敌。

接到朱元璋的指示后，徐达立即在大营召开军事会议。诸将都认为现在兵力不足，不如以少量部队迟滞张士德部，以主力攻击常州城，争取先拿下城，再和张士德作战。徐达却认为张士德的作战特点是一往无前，一旦让他取胜，就很难限制他，只能智取，不可力敌。若此番作战失败，则无异于对张士诚打开了通向应天的大门，这对朱元璋集团来说后果无疑是毁灭性的，所以不能冒险行事。

徐达下令除留下少量兵力监视常州之外，全军向东，迎战张士德。针对张士德骁勇善战的特点,徐达为他准备了一支伏兵——铁甲重骑兵,这是张士诚部没有的。徐达之前在濠州、六合、滁州、和州和元军的激战中感受到了重骑兵的威力,过江之后,在应天、太平利用当地为数不多的马匹组织训练了一支五百人左右的铁甲重骑兵队伍,作为自己的一张王牌。这次他决定让部将王均用率领这支部队埋伏在全军阵后,等待时机投入战斗。

徐达在常州以西十八里,展开阵形:以弓箭手分列两翼,步兵突出中央,骑兵埋伏待机。张士德凭借"十条龙"银盔铁甲军,丝毫不把徐达的布阵放在眼里,下令全军以"十条龙"为前锋,组成密集阵形,企图直接突破徐达军中路那并不牢靠的步兵方阵。在他看来"十条龙"的重甲和盾牌,足以顶住两翼敌军弓箭手的射击。只要"十条龙"把徐达军的中路撕开,对方两翼的弓箭手是顶不住重步兵砍杀的。

战事刚开始,五太子按往常一样将"十条龙"排成十个错落有致的大方阵,举着盾牌按照鼓声一步步向徐达压来,银盔银甲闪闪发光,冷森森的兵刃让人胆寒。

徐达手下的新兵被这气势镇住,除了不停向对手射箭之外,中路的步兵开始不自觉地后退。徐达并不紧张,立即下令手下连续击鼓,紧接着,徐达令旗一挥,长矛手开始在盾牌和弓箭的掩护下,向前缓步推进,两翼弓箭手立即向"十条龙"侧方延展,形成对张士德军的交叉弓箭火力。

身穿重型盔甲的"十条龙"根本不为所动,除了偶尔有几人中箭倒下,方阵并没有停下来。很快两军前锋就碰到了一起,展开激烈厮杀。"十条龙"的进攻被正面的长矛手和盾牌手抵挡下来,未能继续推进,但其侧翼已经逐渐暴露出来。

徐达等的就是这个时候,他传令王均用五百铁骑出击,从侧翼向"十条龙"展开冲锋。出敌不意的一击,让张士德大吃一惊。王均用率领的铁骑,在平地上势不可当,这支骑兵从张士德的右翼一路冲到左翼,以秋风扫叶之势改变了战势的走向。

"十条龙"全军混乱,五太子难以抵挡。眼见败阵,张士德立即策马想退到阵后,另外组织兵力支援"十条龙",可他刚刚掉转马头想走,冷不防战马突然摔倒,后被两名徐达麾下的先锋骑兵刁国宝、王虎子当场擒拿。

主帅被抓,张士诚军顿时乱作一团,几万人开始乱哄哄地夺路而逃,五太子眼见胜利无望,也只能收拾败兵向无锡退去。徐达赢得了一场决定性的胜利。

随着邓愈主力军赶到,徐达加固了对常州的包围圈,同时加派人马支援常遇春、汤和对宜兴、江阴的攻势。

张士德是张士诚麾下最厉害的战将,又是兄弟,和徐达首次交锋就被生擒,张士诚军士气大落。至正十六年十月,张士诚派人向朱元璋提出和谈,他愿意以每年给朱元璋粮食二十万石,黄金五百两,白金三百斤,换取双方罢兵。这回掌握主动权的朱元璋拒绝了张士诚的请求。

十一月,张士诚见打动不了朱元璋,决定直接把这笔财物用来贿赂徐达麾下新招募的士兵,同时命令张德、汤元帅率三万水军放弃江阴,全力支援常州,争取救回张士德。

这两位本来就是张士德麾下猛将。他们凭借张士诚给的巨额财富，轻而易举就策反了徐达麾下好几支新军，双方约好夜间举火为号，一同杀进徐达大营。

当天夜里，徐达刚休息就听到营中喧哗，正准备问问情况，敌人的箭矢就射到了他的大帐中。徐达毫不犹豫，立即上马召集王均用和五百铁骑兵披挂上马，向西冲出大营。张德、汤元帅紧追不放，将徐达围在囚禁张士德、位于常州以西十四里的牛塘。

徐达运筹帷幄，多方协调打败张士德，却被张士诚的金钱攻势打败。他并没有气馁，反而激励全军剩下的几千人积极固守，一面紧急传令常遇春放弃攻击宜兴，回军解围，先取常州。

常遇春手下有五千精锐骑兵，他接到徐达将令后，立即率领这支骑兵回师牛塘，向张士诚军发起攻击。张德和汤元帅手下主要是水军，在陆地上根本抵挡不住常遇春骑兵的冲锋。徐达也同时率军从牛塘防御阵地里冲了出来，五百铁骑配合常遇春五千骑兵，在敌军中来回冲杀，如入无人之境。张德、汤元帅都被生擒活捉，残余部队退入常州城内。这下原本三路为常州解围的部队，只剩下张士信、吕珍的南路军还有战斗力，另两支部队主帅全被活捉。

张士信、吕珍还不肯认输，吕珍更是趁天黑混进常州城，为城中守军鼓劲。张士诚也重新调兵遣将准备再战，他一面将浙西主力从湖州、杭州方向调往无锡一线集结，一面传檄淮东部队集结常熟，准备再次为常州解围。此时徐达、常遇春虽然在常州城外几番激战获胜，但叛变事件令军心不稳，只能全军围住常州，未采取进一步行动；汤和刚刚攻下江阴，要提防张士诚淮东部队南下，也难以调动。

至正十七年（1357）二月，朱元璋见张士诚军主力北移，湖州一带空虚，启用耿君用之子耿炳文，令其率其父留下的一支偏师从广德路向东，出击徐达预设防线最南端的长兴。长兴地理位置重要，史称其"据太湖口，陆通广德，与宣、歙接壤，为江、浙门户"。拿下这里，张士诚将无法从广德路迂回应天府。

耿炳文也是少年英雄，他率领本部五千人马一举击破长兴赵打虎三千守军，而后夺走张士诚在长兴的三百多艘战船，斩杀守将李福安，一举夺下这个战略要地。

张士诚为此后悔不已。此后十多年时间里，张士诚多次对长兴用兵，试图夺回这个门户要地，耿炳文坚守此地，数次抗击张士诚精锐。守城十余年，不动如山，堪称明初第一善守之将。

常州城自至元十六年七月被围以来，历经近半年时间，城中粮食几乎吃光，吕珍眼见城池无法坚守，只得潜逃出城。至元十七年三月，徐达终于攻下了常州城。

经过近一年的搏杀，徐达基本完成了他最初的战略设想，从西北方向，限制住浙西张士诚的发展，同时切断他与淮东的联系。此后一年时间，徐达进一步夺回宜兴，打下常熟，建立起一道防御张士诚的完整防线。之后，他又部署汤和守常州、耿炳文守长兴、吴良守江阴，这三个地方张士诚无法攻破，也就不可能对应天府产生任何威胁。也可以说这场围绕常州的争夺战，决定了朱元璋和张士诚在这场争夺天下的赌局中的结局。张士诚的势力已经在战略上被摧毁，很难挽回颓势。

这时候，被俘虏的张士德为兄长献上了最后一计。他利用朱元璋让他给兄长传书劝降的机会，写了一封信劝哥哥投降大元帝国、借助察罕帖木儿兵势夹击朱元璋。为了解决自己战略上的颓势，张士诚听取弟弟的意见，接受大元帝国的招安，成为元帝国的太尉，张士德自己则在长期被朱元璋囚禁后，绝食而死。

常州战役是徐达军事生涯中指挥的第一个大规模战役。徐达在与张士德的正面交锋中完胜，虽然一度危于对手的金钱攻势，甚至自己被敌人包围，险遭活捉，但最后依然顽强坚守，和常遇春里应外合，大破敌军。随着东南方向防线完成，徐达帮助朱元璋赢下了江南地区博弈的关键一局。

徐达的精彩表现让朱元璋势力能够定鼎金陵。随着张士诚的一连串攻势被化解，朱元璋转军攻向宁国和浙东，继续积蓄实力，脚踏实地地向着天下一统迈进。

徐达也因功"进金枢密院事"，正式成为本集团仅次于朱元璋的第二号人物。

第四节 兵伐浙东 一举而定

至正十七年三月，徐达攻克常州。朱元璋决定按照先前规划，继续进攻盘踞在宁国一带的别不华、杨仲英。四月，徐达和常遇春领兵再次攻向宁国。

结果谁也没料到，在浙西大破张士诚的徐达和常遇春在宁国面对别不华、杨仲英这股小势力竟然久攻不下。给他们造成困扰的便是猛将朱亮祖。

朱亮祖原本和朱元璋一样效命红巾军，后来被元朝廷招安，开始给朝廷效命。先前朱元璋攻下太平时曾经就活捉朱亮祖，朱亮祖嫌弃朱元璋势力太小而不愿意跟随，朱元璋也不好强人所难，就将他释放。

现在两军在宁国遭遇，朱亮祖凶悍无比，不但挡住了徐达的猛攻，竟然前后生擒活捉了徐达军内六十多位将校。徐达军中根本没有人是他的对手。即使常遇春亲自提枪上阵，仍然不敌，身受创伤而归。

眼看久无战果，而且连第一勇将常遇春都难敌朱亮祖，朱元璋决定亲自出马。他亲自率邓愈、李文忠等将前往宁国支援。听说朱元璋亲自上阵，别不华以求援名义离开宁国，只留下杨仲英独自坚守。别不华又派人花费重金和封官许愿，向盘踞建德路的"长枪军"求援。

"长枪军"也是一支起义军，领头谢元帅是山贼出身。收了别不华的好处后，谢元帅立即率领三万长枪军西上试图为宁国解围。朱元璋得到消息，一面加紧包围宁国县城，把受伤的常遇春送回应天养伤；一面立即命令徐达率领赶来支援的邓愈、李文忠所部在华阳山一带设伏，准备歼灭这支前来解围的援军。

山贼出身的谢元帅治军能力不强，行军缺乏章法，三万人的队伍散乱地走在从昌化通往宁国的道路上。徐达获取了他的行军路线后，立即让手下诸将在敌军必经之路上布置了三道伏击线。徐达亲自统率伏击圈最北侧的部队，邓愈负责第二道伏击线，李文忠负责最南侧的第三道伏击线，约定此次战斗由徐达打响，而后邓愈、李文忠依次发起进攻。

谢元帅第二天大摇大摆地走进徐达预设的伏击圈，随着一声号炮，徐达、邓愈、李文忠按照约定从几个方向围杀过来，"长枪军"守卫不能相顾，被切成数段。谢元帅见状立即掉头逃走，残余部队大部被俘，少数逃走。这样一来宁国城的援军被击溃了。

另一边，朱元璋在宁国城下大张旗鼓地制造攻城器具，并大声向杨仲英宣布援军已经被击败，明日就要攻城。杨仲英部下不是个个都如朱亮祖勇猛，被几番惊吓，斗志顿减。

第二天，结束战斗的徐达也来到城下，加入攻城，之后诸军分几路展开进攻。杨仲英不敢再战，决定开城投降，朱亮祖再勇猛也难逃再次成为俘虏的命运。朱元璋一脸得意地问朱亮祖："今如何？"意在向其证明，朱元璋的能力已今非昔比。朱亮祖认为必死无疑，不屑地答了一句："生则尽力，死则死耳。"朱元璋没有杀他，朱亮祖也彻底心服口服投降朱元璋，并亲自跟随朱元璋来到宣城劝降，守将一见宁国已经被攻破，朱亮祖这等大将业已归降朱元璋，立即开城投降。朱元璋、徐达控制了整个宁国路。

宁国一仗，虽然有些波折，但总体来说，还算顺利。徐达已经能够熟练运用围城打援的战法，在面对敌人时显得游刃有余。

至正十七年七月，徐达再度挥师东线，轻松攻破常熟，彻底把张士诚的势力范围切成浙西、淮东两个部分。已经投降大元朝廷的张士诚，决定据守平江，想在此安度余生，以每年五十万石粮食的代价向朱元璋正式议和。

十月，缪大亨攻破扬州。这一仗打得极为惨烈，据《明史纪事本末》载，唐宋以来"烟花三月下扬州"的繁华之地，最后只剩下十八户人家。

之后，朱元璋开始在江西、浙东发起攻击，自己亲临一线，率邓愈、胡大海攻击徽州八思尔不花、处州石抹宜孙、婺州石抹厚孙、衢州伯颜不花。徐达则奉命镇守应天府，防卫张士诚，并派遣康茂才、廖永忠率水师逆江而上，攻击安庆路江南重镇池州。

此时原本富庶的江南因为连年征战，已经变得人口凋敝，良田荒芜。目睹这一切的朱元璋准备让徐达负责恢复江南地区的生产，即组织军户开展屯田，保障根本，可行军打仗中又不能离开徐达。朱元璋便询问谁能胜任，徐达向他推荐了降将康茂才。至正十八年（1358）二月，康茂才正式出任营田使，负责组织辖区内的士兵进行屯田，储备粮食。

康茂才略通文墨，而且在投降前长期在集庆路、太平路充当元军军官，在当地有一定人脉和影响力，熟悉这里田地耕作情况，是个合适的人选。

至正十八年至至正十九年（1359）间，徐达负责东线对张士诚的防御，他多次到长兴、常州、江阴等城，与汤和、耿炳文等将日夜加固防御工事，并亲自率军夺回重镇宜兴。朱元璋则在宁国督师邓愈、李文忠、胡大海等将，一路横扫徽州、处州、婺州、衢州四路，不断扩张地盘。

至正十九年六月，朱元璋返回应天府。此时，他的势力已经完全

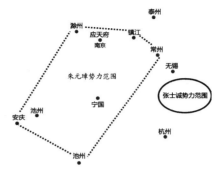

朱元璋与张士诚势力分布示意图

控制太平路、集庆路（应天府）、镇江路、宁国路、广德路、常州路、徽州路、处州路、婺州路、衢州路，此外还掌控江北扬州路，以及安庆路的一部分，一跃成为江南地区最大的一股势力。

此时，朱元璋以北是北方红巾军主力刘福通、韩林儿，他们占据中原重镇汴梁，派出多路大军和察罕帖木儿在今陕西、山西、河南、山东、河北、辽宁一带展开激烈搏杀，彼此牵制，无暇顾及朱元璋势力的发展。朱元璋东面的张士诚刚刚兵败被朝廷招降，正躲在平江城里过太平日子。朱元璋西面的徐寿辉"天完"政权，正在进行激烈的内斗，而原本归属"天完"政权的明玉珍又在四川割据。

朱元璋和徐达、李善长等人商议后，认为向东、向北都不可取，只有向西或向南扩展，才最有利。朱元璋决定先攻打东南方向、割据福建的方国珍。

方国珍也是盐贩子出身，后来做了海盗，在积聚一方力量后，接受了元朝廷的招安。后来方国珍势力逐渐壮大，控制了浙

东庆元路、台州路和温州路一带。随着江淮一带彻底失陷，元大都的物资运输只能依赖海运，方国珍就利用自己的海上优势，挣了不少银子。

眼看朱元璋攻下了婺州，兵锋直指自己控制的台州，方国珍动摇了，因为原来的靠山——大元帝国已经自身难保。方国珍立即决定向朱元璋投降，于是就在朱元璋准备攻击浙东剩下诸路的时候，方国珍派人拿着五十斤黄金和一百斤白银前来投降，并表示愿意献上庆元路、台州路、温州路。后虽然又有些反复，但方国珍这股势力始终再没有掀起大风浪。

此番作战，朱元璋在浙东收获最大的不是土地，而是浙东四位重要人才：宋濂、叶琛、章溢、刘基，他们是辅佐朱元璋成就大业至关重要的智囊。

宋濂是四个人里面学问最深的，婺州路金华人，年少时博闻强记，精通"五经"，曾经被大元帝国礼聘为翰林院编修，因双亲年老而辞，回到龙门山著书立说，成为当时知名的隐士。

叶琛是处州路丽水人，他曾经是处州守将石抹宜孙的幕僚，朱元璋夺取处州后，他本来已经逃到建宁，被朱元璋派人礼聘到应天，委以重任。

章溢是处州路龙泉人，多次为处州守将石抹宜孙出谋划策，定计安民，却拒绝任何封赏。就当所有人都以为他会继续当隐士的时候，他却主动投奔到朱元璋帐下，逐步成为朱元璋手下重要的智囊，为朱元璋巩固东南的统治奠定了坚实的基础。

四个人中最知名的还是力主消灭方国珍的刘基。

刘基，字伯温，温州路青田县人，号称"博通经史、无书不窥"，在当时声名远播，以至于西蜀名士赵天泽认为他是江左才子之首，才能堪比蜀中千古第一名相诸葛亮。朱元璋占领金华后，专程派人礼聘他出山，并为他修建了一座礼贤馆。

朱元璋当时名义上还是韩林儿的部下，年终岁首还是要带领文臣武将在大堂里设置空的御座进行参拜，表示臣服。所有人中只有刘基拒绝参拜，反而向朱元璋陈述天命。他建议朱元璋自立门户，自行称王称帝。

此时朱元璋的势力已经十分强大，整个大元帝国最富庶的江浙行省已有一大半已经落入他的手中，河南江北行省的一部分也被他收入囊中。而其麾下徐达、常遇春为首的武将群体，以李善长、刘基等人为首的文臣群体，已经非其他势力可及。

随着方国珍投降，朱元璋周边的势力已经全部被消灭，接下来只有和其他四大势力面对面。问题是应该先去触碰哪一个？

朱元璋的意思还是先不要和北面的刘福通、韩林儿以及察罕帖木儿正式对垒，进攻对象还是要从西边"天完"政权徐寿辉、陈友谅和东边的张士诚当中选一个。但是到底先打这两个中的哪一个，朱元璋有点拿不定主意。

徐达长期担任和张士诚作战的主将，他的意见是先进攻张士诚。理由有三：其一，张士诚地盘核心区域在平江一带，距离应天府比陈友谅的首府武昌要近得多。其二，张士诚的精锐在常州战役尽损，虽然经过两年多的补充，但再无张士德这样的臂膀大将。反观陈友谅，兵力庞大，湘湖精兵和淮泗部队的战斗力不相上下。其三，张士诚和陈友谅都在长江流域，想要吞并这两个敌人都需要大量水军支持。朱元璋的水军对付张士诚的没有问题，但对付陈友谅的并没有十足的把握。

综合上面三点，徐达和大多数将领认为应该继续之前的战略，先弱后强，先把张士诚彻底攻灭，再和陈友谅决战。但刘基却有不同看法。他认为朱元璋最大的对手不是别人正是陈友谅。

第四章 决战龙湾 力克强敌

至正十九年至至正二十四年（1364）这五年间，元末的各方混战进入最关键时刻。北方察罕帖木儿和刘福通、韩林儿展开连番大战，南方朱元璋和陈友谅捉对厮杀，东面张士诚伺机而动。

果如刘基所料，处于长江中游的陈友谅在僭杀其主徐寿辉后，立即挥师顺江东下，企图一举消灭割据东南的朱元璋。这一时期，徐达在朱元璋麾下，西征池州、统兵安庆，连番获胜；面对强敌，又在龙湾大战统率五路人马夹攻陈友谅，大获全胜。朱元璋为了彰显其旷世之功，封他为中书右丞。徐达这位农民出身的军事家，开启了自己出将入相的传奇生涯。

第一节　声东击西　智取池州

至元十九年四月，朱元璋率军平定浙东诸路，留徐达守应天，另派遣俞通海攻打盘踞在池州、安庆一带的"天完"政权赵普胜部。徐达根据侦察，给俞通海提供了一份池州守将赵普胜布防情报：赵普胜攻下池州后，为了靠近自己的据点巢湖，没有在长江南岸的池州驻军，反而到了与之隔江相望的枞阳驻扎。这里虽然可以保护安庆路首府怀宁，但是距离池州却相对较远。

南方红巾军自彭莹玉死后，整个组织变得比较松散。徐寿辉作为名义上的领袖，并不具备权威，其手下将领多处于割据一方的状态，其中又以割据安庆路、池州路的赵普胜，割据蕲州路的倪文俊，割据江西行省的陈友谅实力最强。

俞通海对赵普胜极为了解，他得到徐达指点之后，立即着手准备率领水师逆江而上，俞通海按照当年巢湖水匪的规矩，一路骗过岗哨，一举夺下枞阳水寨，而后顺利攻下池州，赵普胜从陆路逃走，整个水师的装备都被俞通海缴获。

赵普胜见状决定去找陈友谅来帮忙。陈友谅本来就想要安庆、池州的地盘，于是欣然答应。赵普胜派出部将率一万多人从江北陆路回到安庆路驻军重要屯粮点潜山，准备转运粮食，然后一举夺回枞阳，另派部将率五千余人驻防于青山、浮山寨一带，警戒和州、巢湖方向的朱元璋军，同时截断枞阳水军与江北朱元璋军的联系。陈友谅一面派出舰队在长江上来回巡视，摆出走水路攻池州的假象，吸引徐达从水路来援，做好对徐达的援军予以痛击的准备；一面从徽州派出大将张定边率两万精锐，轻装走陆路经祁门过九华山，从青阳方向迂回偷袭池州。

为了应对"天完"军南北夹击的新威胁，至元二十年五月，朱元璋将徐达迁为国上将军，同知枢密院事，让他和刚刚伤愈的常遇春一起率应天驻军救援池州。

当时朱元璋的精锐部队基本都在浙东战场，其余能战的精锐部队由汤和、耿炳文、顾成、廖永忠等将率领，部署在常州至长兴一线防御张士诚，应天城内还需留下部分兵力防守，所以徐达、常遇春能调遣的兵力不过两万人左右。此时朱元璋暂时和盘踞河南的察罕帖木儿休兵通商，他得以用粮食、金银从对方手中交换战马，将徐达手中的骑兵队伍扩充到一万人左右，铁甲重骑兵也扩充至三千人，这是陈友谅和张士诚都没有的强大机动力量。

徐达通过分析侦察报告，发现了"天完"军的弱点：隔着长江分为陈友谅、赵普胜两路，而且彼此既不相互统属，也很难相互支援，赵普胜的部队刚刚被收编，军心不稳。徐达吸取了常州之战的教训，在出兵前开始计划好一切，以免出现再次被包围的危急情况。

之前，俞通海从应天攻击池州、安庆方向走的是长江水路。但现在这条路上有陈友谅的舰队，如果继续走这条线路，不但无法达到突击效果，甚至有可能在江面遭受惨重损失。这样一来即使到达池州，也必然被敌人切断退路，陷入一个更大的包围圈。一旦赵普胜军从江北过来和陈友谅会师，则池州必然要丢。

鉴于水军主力被调走防御张士诚，徐达考虑再三，决定放弃相对迅捷的水路，改走陆路，由江北无为州出发，由陆路偷袭浮山寨和青山的赵普胜军的掩护部队，而后奇袭在潜山一带准备重新集结部队的赵普胜大本营。徐达的计划是先一举击溃赵普胜部，而后与俞通海会合，过江寻机再战陈友谅。

常遇春对徐达的计划深表赞同。于是两人连夜点起三千精锐重骑兵从应天出发，另调芜湖守军七千、和州守军一万前往无为州集结。同时，徐达又通知在枞阳的俞通海将所属两万水师集结，向陈友谅舰队发起佯攻，吸引其注意力；让宁国守将邓愈派悍将朱亮祖率五千人马大张旗鼓地从南陵向青阳佯动，作为疑兵。

五月十一日，徐达、常遇春统率的三千重骑兵抵达无为州，和先期到达的芜湖七千人马会合，和州的一万人马还在路上。徐达让常遇春和亲信部将张德胜率三千重甲骑兵直奔浮山寨，按照计划发动夜袭，自己率领七千人马紧跟其后，留下李文忠等待和州一万人马随后跟进。十三日，常遇春前锋到达青山浮山寨，赵普胜驻军的注意力全部被俞通海的水师吸引过去，根本没有防备陆上袭击，五千步兵根本挡不住常遇春的重骑兵，瞬间倾灭。

徐达带领后续部队赶到，与常遇春会师，全军开向枞阳。俞通海早已等候多时，徐达派人传令后续跟进的李文忠，让他向枞阳方向赶来，留下部将张德胜和芜湖军七千人，自己带上常遇春、俞通海和三千重骑兵乘船和两万水军一起从枞阳出发，逆江而上进入皖水，由水路直扑潜山而来。

陈友谅得知浮山寨失守，他判断徐达准备攻打安庆，立即组织主力在江州集结。谁也没想到，徐达会攻向潜山。由于时间太过仓促，潜山城只能勉强征集到一万二千人。眼见兵临城下，潜山城小，无法固守，赵普胜只得率全军出城和徐达决战。

五月十八日，徐达、常遇春、俞通海率领两万人马和赵普胜的一万二千人拉开阵仗，准备决战。赵普胜军在决战前按照"天完"军的惯例，请了"神符"，保佑军士们"刀枪不入"。三千突击勇士脱下盔甲，双目通红，赤条条地手持双刀高声喊杀着向徐达军冲来，剩下的部队也展开旗帜、高声鼓噪向前挺进。

徐达此时手上的兵力多是俞通海的水军，这些军士习惯在江面驾船水战，如今在陆上见到赵普胜手下这股悍兵，自然难以抵挡。在阵前排开的部队随即被冲得七零八落，正在阵后督战的徐达也是第一次和这样的对手作战。面对"天完"军赤身搏命，曾经在战斗中被射瞎一只眼睛的俞通海却很了解赵普胜的战法。他见自己的阵形被冲乱，所统部下慌神乱阵，遂率领亲兵五百人冲向敌阵，也以命相搏。其他人见主将奋不顾身，这才回过神来，稳住阵脚，双方展开混战。

赵普胜将后续部队全部投入战斗，试图从左右两个方向迂回，包围徐达、俞通海。徐达见势，立即下令向两翼展开，全面接战。双方拼杀了一个时辰，仍然僵持不下，难分胜负。

就在这时，之前按照徐达部署，负责绕后突袭的常遇春率领三千铁甲重骑兵从侧后方杀了出来，以风卷残云的气势重创赵普胜军。这支奇兵决定了这场战役的胜负——"天完"军全线崩溃，四散奔逃，死伤四千多人。随后，徐达挥军急进，一举攻占潜山，缴获了赵普胜囤积在城中的大量辎重。赵普胜逃回安庆。

潜山离安庆较近，徐达这次轻兵急攻，深入敌后，大获全胜却也不敢久留。他立即下令把能搬走的物资搬上船，不能搬走的就地焚毁，连夜和常遇春、俞通海带着得胜之师顺皖水入长江，佯装攻击怀宁，却经枞阳抵达池州。

之后两天，徐达命李文忠的一万人马和张德胜的七千人马也从枞阳前往池州支援。如此，徐达在池州城就集结了两万步军和两万水军，总兵力有四万人，可以和陈友谅一较高下。

另一边的陈友谅也有收获。原本陈友谅得知赵普胜兵败的消息后，他立即从大本营龙兴出发，在江州邀请赵普胜前来见面，共同商议举兵复仇之事。赵普胜原本就是个老实人，听说陈友谅主动找他一起报仇，大喜过望，立即带着烤全羊和自己刚打的几只大雁前往陈友谅停泊在安庆的旗舰上把酒言欢。谁知两人一见面，还没来得及落座，陈友谅就让人把赵普胜杀了，还把赵普胜的兵马吞并。这样一来，陈友谅对朱元璋的威胁更大了。

不过，得知潜山物资被徐达掠走焚毁，陈友谅这才发现上了当。如此一来，他就不能和徐达再相持下去，只能带着主力舰队驻军安庆，扬言要从水路进攻池州。其真实目的是吸引徐达的注意力，为张定边的徽州军作掩护，同时还为向安庆调动充足的粮草辎重争取时间。

另一边，徐达已识破陈友谅的用意，他断定在安庆的陈友谅水师不会立即向自己发起攻击，于是集中全部兵力对付从徽州出发的张定边。常遇春也认为敌人潜山辎重被焚毁，必然会从陆路派来支援，而池州、枞阳互为犄角，如果按照陈友谅的说辞，要从水路进攻池州，必须先攻枞阳，现在枞阳方向毫无动静，这一定是陈友谅声东击西的把戏。

他们决定将计就计，由俞通海率本部水师一万人驻守枞阳，张德胜率剩下一万人守池州。徐达亲自统率和州兵一万在城外埋伏以观全局。常遇春则率七千芜湖兵在九华山埋伏，准备待敌撤退时截断其归路。李文忠率三千铁骑亲军作为机动力量，在两地间侦察待命。

五月二十三日，徐达一切已布置停当。当天下午，张定边率军经过九华山，抵达池州城边。张定边是陈友谅麾下一员悍将，他一面安排部队扎营休整，一面连夜带人侦察地形。当他得知徐达刚刚在江北击破赵普胜在潜江的大本营，准备围攻安庆，而池州只有张德胜的一万多水军把守的消息后，顿觉战机已经到来。

因为当时水军中很多的兵员只负责划桨，真正能拿起武器战斗的只占少数，而且这部分水军的战斗力非常有限。反观张定边从徽州带来的这两万人中有三千人是重装步兵，配有铠甲。双方作战能力甚为悬殊。所以在张定边眼中，消灭驻守的一万水军，攻破池州易如反掌，而且他判断徐达的主力仍还在江北，只要速战速决，拿下池州不成问题。

五月二十四日拂晓，张定边已经整装待发，准备攻城。池州城城垣本来就并不坚固，几年之内又被元军、"天完"军和朱元璋军来回争夺，饱受战火，城砖大量损坏，有些地方只剩下夯土层，并未修葺。张定边发现城池的东南角受损程度最严重，遂把全军集结在这边，发起猛攻。

张定边以三千重甲步兵、三千突击勇士在弓箭手的掩护下，一面开始攀登城池，一面派盾牌手掩护冲车直逼城墙。徐达、常遇春在其侧后九华山上埋伏，远远望见张定边军阵形严整，甲衣鲜明，比起潜山遇到的赵普胜军更为棘手。

张德胜见敌军集中在东南角，立即调动全军依托城墙，居高临下用弓箭、石木抗击敌人。但在"天完"军密集的箭雨下，张德胜部伤亡惨重。部分地方，"天完"军的突击勇士已经登上城墙，与守城军士展开搏杀。

正当张定边以为胜券在握时，突然发现张德胜在城楼上立起了徐达的大纛。张定边心头一惊，正要派兵探察，徐达却根本不给他时间。张德胜在池州城头响起号炮三声，枞阳方向昨晚已经接到将令的水军大将俞通海则立刻率一万水军沿着长江边向张定边的右翼发起猛攻，徐达统领的和州兵亮起旗帜，以盾牌兵、长枪队为先锋，弓箭兵射出密集的箭雨掩护，以展开两翼的攻击阵形向张定边军左翼徐徐攻来。

张定边发现自己已经完全被包围，他无奈地看了一眼已经冲上城头的三千突击勇士，只能抛下他们，立即后撤回九华山，凭借山势据守，才能避免全军覆没。于是他下令原本负责第二轮进攻的三千重甲步兵，立即转头，向九华山撤去，留两翼各四千人就地死守，和徐达硬拼到底。

徐达见状，立即命李文忠率三千重装骑兵猛扑过去。"天完"军缺乏骑兵，原本严整的步兵军阵瞬间被李文忠冲得七零八落。张定边见状丢下大乱的大部队，率领后军四千多人跟着三千重甲步兵向东南方向突围逃走。

留在原地的"天完"军虽然丧失指挥，但仍然各自为战，拼死不降。徐达生平第一次遇到如此顽固的对手，他下令从几个方向用弓箭射击，命令步兵尽量以大盾掩护，以长矛、长刀为前导，缓缓推进，减少伤亡。双方又战至中午，"天完"军死亡近万人。

张定边狼狈地带着七八千人逃到九华山附近，常遇春又带着芜湖军七千人杀了出来，"天完"军彻底没了斗志，全军开始四散奔逃。那三千精锐重甲步兵带着三四十斤重的铁甲一路拼杀，又奔逃了几十里路，已经筋疲力尽，丧失战力，全部被常遇春生擒。

最后，张定边只带了几百人夺路逃回徽州。

战斗结束后，常遇春押着三千多俘虏回到池州，向徐达复命。他提出这些重步兵是陈友谅的精锐部队，如果不杀，恐日后为患。一向主张善待俘虏的徐达坚决不同意，二人争执不下，徐达上报朱元璋，请求处置办法。常遇春却在当天夜里就动手，等到徐达闻讯赶来制止时，常遇春已经处置了一千多人。

朱元璋本来得知池州连番大捷极为喜悦，但听说常遇春杀俘虏之事，十分震怒。愤怒的朱元璋将这一仗的头功给了外甥李文忠，常遇春则功过相抵不予以奖励，并命令徐达将剩下的一千多战俘立即释放。徐达听令而行，紧接着又收到了第二道命令，朱元璋让他从此以后负责监察诸将行为，如有行为不端者自行处罚。

这一仗中，徐达在战场感知、用兵筹划、战场预设等诸多方面再次展现了自己卓越的军事天赋，在不利局面下能够审时度势，利用战场水陆条件迅速集中优势兵力击溃赵普胜，而后又通过精心设计，重创张定边，还主张善待俘虏，彰显了一代名将的风范。

池州之战后，徐达鉴于城池残破，无力久守，便建议朱元璋将主力收缩到坚城太平，放弃池州一线，准备应对察罕帖木儿、陈友谅和张士诚的夹攻。

应天最大的危机到来了。

第二节　太平失守　应天危机

至正十九年六月，朱元璋返回应天。八月即传来消息，元廷主将察罕帖木儿准备纠集大军围攻刘福通、韩林儿北方红巾军的首府汴梁。

这两方的战争起于至正十六年。当时刘福通、韩林儿在安丰指挥百万北方红巾军分兵三路攻向大元朝廷：北路军由关先生、破头潘、冯长舅、沙刘二、王士诚统领，攻打山西、河北；西路军由白不信、大刀敖、李喜喜统率，负责进攻关中；东路军由毛贵统领，进攻山东，而后准备转攻元大都。

自脱脱被撤后，大元朝廷各处守备松懈，面对潮水般扑来的红巾军，各地官府根本无力抵抗，三路红巾军如入无人之境，一路占领众多城池。而此时大元朝廷唯一的希望就是驻军虎牢，保护洛阳、汴梁两座重要城池的大将察罕帖木儿。

至元十七年，察罕帖木儿向西进军，一路斩将夺关，长驱而入，就连潼关天险也被他一举收复。白不信、大刀敖、李喜喜不敢停留，一路向西遁逃。最后双方在凤翔城下决战。察罕帖木儿率领蒙古铁骑一日长驱两百里，与凤翔守军内外夹攻，大破红巾军，其西路军残部逃往四川，陕西平定。

至元十八年，北路红巾军数战告捷，兵锋直指元大都。元顺帝紧急征召察罕帖木儿回师大都。奉诏后，察罕帖木儿留李思齐守陕西，自率精锐入山西，在北路红巾军南返的必经之地闻喜、绛阳设置伏兵，一仗大破北路红巾军主力，红巾军残部被迫向北逃跑，最终被消灭。

同年五月，刘福通利用察罕帖木儿部被调走，河南空虚的机会，一举拿下北宋故都汴梁。一时间，红巾军声势复振，汴梁也成了察罕帖木儿想要迫切收复之地。为彻底剿灭红巾军，元顺帝命他节制山西、陕西、河南诸军，并授予临机专断之权。察罕帖木儿摩拳擦掌，准备收复汴梁。

至元十九年八月，经过精心准备后，察罕帖木儿调动陕西、山西、河南元军阎思孝、李克彝、虎林赤、赛因赤、答忽、脱因不花、吕文、完哲、贺宗哲、安童、张守礼、伯颜、孙翥、姚守德、魏赛因不花、杨履信、关关等部三十万人，百道并进，分门攻城。

此时红巾军东路军发生内讧，统帅毛贵被赵均用杀死，不久后赵均用也被杀，本来已经夺取山东全境的东路军顿时群龙无首。刘福通眼见援军无望，只得和韩林儿率军突围，逃回安丰。

察罕帖木儿遂屯兵汴梁，开始厉兵秣马，休整军资、积蓄实力准备先攻克山东，再大举南下江南，重新平定天下。此时张士诚已经降元，名义上也要服从察罕帖木儿的指挥，如果这两人联手，刚刚立于江南的朱元璋势必无法抵御。

朱元璋顿感北线、东线压力巨大，一面继续派人与察罕帖木儿交好，一面准备着与察罕帖木儿的大决战。

为了应对这场决战，朱元璋决定加快平定江南的步伐。为此他走了一步险棋——向强大的"天完"政权挑战。朱元璋的想法是，如果坐等察罕帖木儿平定山东，转向江南，那时"天完"政权和伺机而动的张士诚必然出兵夹击，不如趁着现在稳定了察罕帖木儿，集中兵力攻灭"天完"政权，之后只要扫清张士诚在浙西的残部，就可以凭长江而守，至少立于不败之地。所以他派徐达向西攻击池州，准备进一步扩展势力，可是一仗下来，虽然徐达在战役上大获全胜，但从战略上看收获不大。又鉴于陈友谅水军强大，朱元璋在徐达的建议下弃守枞阳、池州，将主力集中到太平——派出自己的养子朱文逊和大将花云带领四万精兵前往守御，将徐达、常遇春、李文忠等一干猛将精骑调回应天商议下一步的战事。

另一边，"天完"政权内部又开始了一场内讧。

陈友谅占据龙兴的时候，徐寿辉就想把这里改为首府，可遭到了陈友谅的反对。后陈友谅计杀赵普胜，夺得安庆、江州之地，徐寿辉又想迁都此处。之前"天完"政权丞相倪文俊谋反，杀徐寿辉未果，逃亡投奔曾经的属下陈友谅。陈友谅心狠手辣，杀倪文俊，吞并其部，以此向徐寿辉示好。所以在徐寿辉眼中，陈友谅仍是值得信任的得力干将。

可陈友谅是一个两面三刀，又极其向往权力的狂徒。当时徐寿辉手上没多少兵马，陈友谅眼见倪文俊、赵普胜的势力都被自己吞并，他决定取代徐寿辉，执掌"天完"政权。于是他假意同意徐寿辉把首府移到江州，请他来此主持大局。

徐寿辉并未防备，还在幻想着自己将来的辉煌。结果其一行人刚到城边，陈友谅就把徐寿辉身边所有人都斩杀，徐寿辉只得屈服。之后，陈友谅挟持徐寿辉，移都江州，自封汉王，统领"天完"政权大小事务。

至正二十年（1360）闰五月，陈友谅集结二十万人马沿江东下，借口"朱元璋与察罕帖木儿媾和，出卖红巾军"，对其大加讨伐。

陈友谅的舰队迅速通过池州，攻向太平。太平是朱元璋在江东的起家之地，徐达在把池州部队撤回应天之前已经做好了防御准备，可谁也没想到，陈友谅来得竟然如此之快。

太平守将朱文逊和花云决定在外围固守，层层设置防线，阻挡消耗陈友谅军，为朱元璋在应天集结兵力争取时间。于是他们将四万人马留下一万人守在城内,把其余三万全部部署在太平城外,构筑深沟高垒,结阵而战。

"天完"军的先锋是在池州之战败于徐达的张定边,他这次统率的是最精锐的皂旗军,全军五万多人,执黑旗、着黑甲,看上去威严肃杀。张定边将这支军队列成方阵向前推进,陈友谅命水军在江边用火炮支援,同时在皂旗军方阵后架设襄阳炮,发射火石压制太平守军。

朱元璋这边主将朱文逊亲自站上高台,挥动令旗指挥全军,一面以弓箭压制皂旗军,一面以大盾长矛守在堑壕一侧。张定边也是久经沙场的战将,他见状命令方阵停在壕沟前,并不急于前进,不断向两翼伸展运动,逼迫兵力不足的朱文逊和他正面交战。

朱文逊不敢死拼,只得收缩兵力,继续固守,结果太平三面都被围住。朱文逊得到了义父朱元璋的死命,只能死守待援,不可后退一步,他只得收缩兵力继续固守。陈友谅见状,立即命令张定边率皂旗军切断朱文逊布防地域与太平城的联系。皂旗军重新编队,向对手接合部发起猛攻。朱文逊怕城池有失,派副将花云率三千人赶回太平城,其余部队继续死守不退。

双方激战三天,陈友谅的襄阳炮的一发炮弹击中指挥高台,朱文逊当场阵亡。王鼎接过指挥权,继续死战不退。张定边见对手主力无论如何也不肯脱离防御工事,便建议陈友谅率水军绕过朱文逊布防地域,直接攻击太平城。

陈友谅当即采纳这个建议,并且还把自己高大的战船开到太平城临江一侧的城墙外，让敢死队直接用甩绳跳上对面相对低矮的城墙，然后再在战舰和城墙间铺设木板，大队人马直接从战舰上冲上城墙，和守军厮杀在一起。"天完"军立即攻入城内。花云正在城楼督战，被如潮水般登上城楼的"天完"军抓住。城防崩溃，知府许瑗见城池不保，也自杀殉职。

其余部队见太平失守，也四散崩溃，王鼎在乱军之中身亡。

陈友谅洋洋得意地看着被活捉的花云，想让这位跟随朱元璋的猛将投降自己，却不料花云挣脱绳索，夺下护卫手中刀剑，连砍杀四五人，又向陈友谅扑来。周围兵丁一拥而上，才将花云制服。眼看无法劝降，陈友谅下令将他处死，花云至死仍对陈友谅骂不绝口。

拿下太平的陈友谅志得意满——原来在浙东、浙西所向无敌的朱元璋也不过如此，他下令全军进驻采石，准备攻击应天，彻底消灭朱元璋。同时，陈友谅派人以铁锤击杀徐寿辉，然后自称皇帝，将国号由"天完"改成"汉"，将年号改为大义。盛极一时的天完政权就这样覆灭了。

太平之战陈友谅虽胜，但朱元璋主力尚存，仍是需要团结作战的时候，而志得意满的陈友谅却在这时候杀徐寿辉，给自己埋下诸多祸患。

就在此时，朱元璋已经收到太平败报，正在府里召集徐达、常遇春众将商议军情，一场决定陈友谅和朱元璋两个集团命运的会战即将打响。

第三节　庙算决胜　龙湾破敌

至正二十年闰五月，陈友谅率领大军沿长江东下，攻下太平，直指应天。眼看大军兵临城下，是战是和，是降是走？朱元璋和李善长、刘基等一众文官，以及徐达、常遇春、朱文正等一干武将频频商议。

第一个问题，面对气势汹汹的强敌，是进是退，是战是降，是攻是守。李善长为首的一批淮西文官都在讨论此事，只有刘基和持重的徐达默不作声。朱元璋屏退左右，召刘基到后帐继续商议。

刘基态度坚决地告诉朱元璋："主降及奔者，可斩也。"而后刘基向朱元璋献策，陈友谅此时刚刚称帝，骄横已极，等到他率军深入应天之地，用伏兵自然可以取胜，这乃是建立王霸之业的好时机，万不可错失此良机！

朱元璋其实心里早就打定主意，要和陈友谅一决雌雄。听刘基这番建议，朱元璋更加坚定了决心。他连夜找来徐达、常遇春等心腹将领，布置下一步的作战计划。

朱元璋和徐达要考虑的第一个问题是，陈友谅是否会与张士诚联合夹攻应天。朱元璋判断，张士诚绝不会在陈友谅获得决定性胜利之前贸然出兵，至少不会出全力对付朱元璋。

徐达表示赞同，他认为自常州之战后，张士诚已经向元廷称臣，派吕珍等大将到淮北帮助察罕帖木儿攻伐刘福通，又给大都送去大量粮食以求太平度日，对朱元璋军已经全线转入守势。此番陈友谅在太平的胜利过于迅速，张士诚很难马上反应过来，做好万全准备。况且朱元璋刚刚跟察罕帖木儿达成协议，双方暂时保持和平，未经察罕帖木儿同意，张士诚断不会联合陈友谅进攻朱元璋。从地缘因素讲，常州、江阴、宜兴、长兴这条针对张士诚的防线还在朱元璋手里，真要动兵，不花费大量时间、损失大量军队，很难拿下这几座坚城。所以张士诚大概率不会配合陈友谅。

第二个问题，是这种情况下是否需要主动出击，夺回太平呢？太平是应天的门户，这个地方被敌人占据，如果陈友谅不是立即进攻应天，而是长期占据太平和朱元璋对峙的话，朱元璋将十分被动。徐达、常遇春等将领纷纷提出，必须夺回太平，保应天安全。

面对陈友谅的凌厉攻势，朱元璋、徐达非常默契，在夺回太平还是退守应天的问题上做出了正确的判断和最佳的选择——此时不能主动出击，只能谨守应天，诱敌深入。

理由很简单，此时要反攻太平，即使朱元璋投入全部兵力，也未必有十足的胜算。陈友谅的水军数量庞大、战斗力强悍，加之船坚炮利，甚至可以直接攻上城楼。一旦陈友谅率部用水军趁着朱元璋主力攻打太平的时候直驱应天，那么朱元璋和徐达必将首尾不能相顾，形势必将危急。故而二人定计只能固守，先为不可胜，以待敌之可胜。

计策已定，最后一个问题是，怎么让陈友谅主动攻过来。这时，徐达向朱元璋提出了建议——派人向陈友谅诈降，引诱他尽快向应天发起进攻。徐达选中的这个人就是他在镇江招降的康茂才。

徐达选择康茂才去诈降是经过深思熟虑的。就关系而言，康茂才和陈友谅是老乡，也是旧友，康茂才去投降陈友谅，并不显得唐突。就康茂才的境遇而言，他在朱元璋这里被任命为营田使，这个在外人看来就是不被重用和边缘化的职位，心里必定有所不满；就形势而言，朱元璋危如累卵，陈友谅如日中天，康茂才此时"弃暗投明"合情合理。

朱元璋对这个人选非常满意，立即派人找来康茂才，面授机宜，让他向陈友谅诈降。康茂才马上答应，派出自己手下一位认识陈友谅的老仆给他送信，劝说陈友谅立即进军应天，自己将为内应。陈友谅看过书信后大喜，问送信人康茂才现在何处驻防，自己将率全军前往接应，然后一起攻下应天。仆人按照康茂才的吩咐，回答他康茂才在龙湾一带江东木桥驻防。

而龙湾，就是徐达为对付陈友谅精心挑选的战场。

龙湾在应天城西北，此处有秦淮河汇入长江，江东木桥就是架设在秦淮河上的。在陈友谅看来，如果能率军深入至此，拆掉木桥，就可以在康茂才的协助下沿着秦淮河一路杀至应天，到时自己凭借巨大的战舰，可用破太平之战法再次攻下应天。

但是陈友谅不知，龙湾这个地方还有几个特点：其一，地势狭小、水深不足，陈友谅的大船施展不开，只能改用小船，这样等于舍弃自己最大的优势；其二，此地四周环山，便于埋伏军马，其中又以卢龙山为制高点，对方可于此统筹全局，指挥全军；其三，此地地势相对平坦，便于骑兵突击，对步兵居多的陈友谅不利。

而徐达面对的唯一问题是江东木桥，如果陈友谅不顾一切地摧毁木桥，则可以突进应天，如此战局走向便不再明朗。徐达于是连夜调动军队，将木桥改成石桥，即使将石桥拆毁，石头入水也将阻断本来就很浅的河道，彻底掐断陈友谅的进退咽喉要道。如此一来，陈友谅只能选择弃船登陆，这样他的优势就会彻底丧失，徐达的铁骑就有了机会。

朱元璋对徐达的这番安排十分满意，遂向诸将下令：朱元璋亲兵总管万户杨璟率领朱元璋亲兵护卫一万人，驻守龙湾一旁的狮子山，负责吸引陈友谅正面来攻，朱元璋坐镇卢龙山，一来指挥全军，二来立起自己的帅旗引诱陈友谅，并于战前约定陈友谅开始发起进攻则举起红旗通告全军，反击时间一到则举起黄旗，全军出击。各部依计行事，严阵以待。

常遇春和冯胜统率三万精锐，埋伏在幕府山以南，随时准备侧击陈友谅军右翼。徐达将先锋将军张德胜调出，命他和朱虎统率水军一万并一万精锐重装步兵埋伏在下关一带，等待陈友谅全军上岸，一边攻击其水军，一边猛攻其左翼。徐达率领本部一万重装骑兵并两万步兵，埋伏在应天城南，准备从侧后劫击陈友谅。

安排停当后，朱元璋亲自移驻卢龙山，准备决战。

陈友谅得到康茂才的情报后，立即动身。他身边刚刚进封太尉的大将张定边认为这事可疑，劝其小心行事。当上皇帝的陈友谅虽然对兵力不如他的朱元璋满不在乎，但为保万全，还是接受了张定边的建议，命皂旗军暂时全军驻扎太平，以接应大军，自己亲率十万人马去和康茂才会师，进围应天。一旦围住了城池，再抽调张定边的皂旗军前来攻城。

双方皆计议已定，至正二十年闰五月乙丑日，陈友谅率领舰队直扑应天而来，当天夜里就赶到了江东桥。到了与康茂才约定的地点，看着这石桥，陈友谅一脸迷惑。眼看着原计划从水路直接杀到应天城下已不可能，但是十万大军已开拔至此，势成骑虎。

陈友谅只能选择就近在龙湾登陆，等待天亮后再派人想办法联络康茂才。他下令前军立即下船，设立木栅栏营地，建立滩头掩护阵地。就在部队登陆时，陈友谅突然发现自己的这些巨舰体型实在太大，停下容易，再想开动起来是件难事。更加上陈友谅是顺江而下，这些大船要逆流回去可不容易。陈友谅远远望见一处江心洲，于是下令大船先停放在江心洲附近，一旦先头部队站稳脚跟，就立即从大船上把部队陆续送到岸上去。

当晚忙活了一整夜的汉军，陆陆续续把六万多人都放到了龙湾，另有两万水军掌控战船，两万人马被临时安排在江心洲上，守护战船。陈友谅连夜命人侦察四周地形，联络康茂才。

第二天天刚亮就开始下雨，这时陈友谅派出的斥候也都开始回来报告：朱元璋本人似乎驻军在卢龙山，在那里守卫的是他的一万亲兵，统领为万户杨璟，常遇春驻军在幕府山，守护应天北门，徐达的帅旗在应天南门，原本应该统领朱元璋水军的廖永忠不见踪影，康茂才更是不知道去了哪里。

陈友谅听闻此报告倒吸一口凉气，他此时已经断定自己上当了。当前面临的情况是龙湾这边地势狭窄，自己的六万人马完全施展不开，而且四周制高点都在对方控制下。只能死马当活马医了。凭借多年的作战经验，他发现当务之急是要抢占最近的狮子山，这样他才能够展开部队。于是没有什么选择的陈友谅故作镇静，下令全军顶着大雨向杨璟这边杀了过来。

龙湾之战拉开序幕。

因为下着大雨，陈友谅的火器根本不能发挥作用，舰队又成了摆设，他只能靠着步兵硬冲。但这位枭雄也有办法，他分出两万人马沿秦淮河向应天运动，保障自己的侧翼，其余部队留下一万守护登陆场，另外三万人分成三队轮番发起攻击。

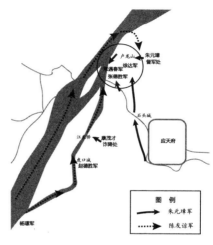

龙湾之战

在大雨下，杨璟和汉军展开大战。他居高临下，用弓箭持续射击，汉军则高举盾牌、长矛向上仰攻，双方接近后逐渐搅成一团。汉军开始发挥兵力优势，杨璟虽然人少但地势有利，还能勉强维持战线，一时间双方僵持在一起。

此时在卢龙山上观战的众将对杨璟处境感到担忧，建议朱元璋让徐达、常遇春出击。朱元璋却胸有成竹，教导他们道：此时正在下雨，雨中部队作战更易疲惫，需要休息，且以这势头，雨要到中午才会停，传令诸军提前吃午饭，吃完之后再出战。

雨渐渐大了起来，陈友谅的三万人攻了一上午，体力消耗极大，但战果有限。陈友谅见各部将皆筋疲力尽，如再消耗下去肯定不利，便下令留下一队人马继续进攻，其余部队开始休整，饮水造饭，补充体力。

就在陈友谅营地中升起袅袅炊烟的时候，时机到了，朱元璋在卢龙山上举起了黄旗。徐达、常遇春、张德胜各军看见黄旗举起，终于发起了进攻。就在这时，雨也停了。

常遇春已经摩拳擦掌，他和冯胜带着三万人马向着陈友谅沿秦淮河杀向应天的部队发起进攻。因为地形限制，陈友谅的登陆部队侧水侧敌，很快陷入一片混乱。常遇春一面自己带着一万人继续杀向龙湾，一面派冯胜带着两万人追着沿秦淮河冒进的敌人猛打。

徐达比常遇春还要顺利。中午雨停后，他决定亲自带上一万重装骑兵分两路从应天南城，绕过秦淮河杀向龙湾，其余两万步兵随后跟进，同时掩护应天城，防止陈友谅趁乱偷袭。江面上廖永忠、张德胜率领水师也从下游逆流而上，冲向陈友谅在江心洲集结的水军，一时之间陈友谅的十万大军被切成几块：冯胜带着两万人和汉军两万人对阵；杨璟一万人和汉军三万人相持；徐达、常遇春两万人马直接冲向陈友谅的登陆场；廖永忠、张德胜的水军一面切断江心洲和龙湾的水路联系，一面攻击陈友谅的舰队。

陈友谅刚刚在龙湾驻扎，还没有来得及展开部队，突然遭到围攻，指挥系统完全混乱，各部失去联络，只得各自为战。反倒是朱元璋在卢龙山顶上，用旗帜和号炮从容地指挥着全军围攻陈友谅。汉军从前一天晚上登陆，一直打到下午，已经疲惫到了极点，此时再也支持不住，全线开始崩溃。

眼见徐达的铁骑直接冲散了汉军刚刚临时搭建的木栅栏，杀进被雨淋透的汉军行列中任意砍杀，如入无人之境，陈友谅知道这仗已经败了。现在最重要的赶紧逃命，其他都顾不得了。陈友谅乘小舟带着少数人马逃回太平。徐达军趁势砍倒陈友谅的皇帝大纛，全军欢声雷动，攻势更甚。

眼见皇帝都跑了，汉军无心恋战，水师见大船无法启动，只能和皇帝陈友谅一样抛弃舰队中的"混江龙""塞断江""撞倒山""江海鳌"这些陈友谅引以为傲的大船，划着小船逆江而上奔向太平。这些被抛弃的大船全部被朱元璋缴获，江心洲上的两万人也逃不掉，全部成了俘虏。

随陈友谅登陆的六万人里，能上船逃走的只有一万多人，另有一万多人淹死或战死，其余人马一路被冯胜追赶堵截，踉跄地逃回太平。

龙湾之战以朱元璋、徐达共同指挥获得决定性胜利告终。

此战，徐达展现了自己的统率能力。这种能力建立在对敌我双方态势深刻的理解之上。所谓"知彼知己，百战不殆；知天知地，胜乃不穷"，徐达的"知"是通过分析敌人心理和战场形势，把对方引入自己的预设战场，逐步瓦解敌人最"强硬的拳头"，再以数把利剑，同时刺向慌乱之中的敌人，从而大获全胜。

第四节　千里追击　收复失地

至正二十年闰五月乙丑日，朱元璋、徐达指挥军队一举击溃来犯的陈友谅十万人马，取得了龙湾之役的决定性胜利，化解了应天的危机。但这一仗只是开始，战后朱元璋决定乘胜对陈友谅发起全面反击，一举夺回之前丢失的地盘。

徐达被任命为此次反攻的总指挥，经过几天的重新整编后，张德胜被再度调回徐达麾下，指挥一万重装骑兵，对逃走的陈友谅军进行追击。华云龙、周显等人各率两万步兵紧随其后。廖永忠统水师三万，立即逆江西上，配合徐达进军。全军很快在慈湖追上陈友谅，陈友谅只得下令把剩下的行动缓慢的大船全部烧毁，以封锁江面，为自己争取逃命时间。

陈友谅狼狈不堪地逃回太平和张定边会合。短短几天，曾经无比强大的水军已经不复存在了，十万大军也只剩下不到三万人，张定边建议陈友谅立即退回安庆，否则他杀徐寿辉和战败的消息一旦传回去，后方定会乱作一团，张定边则自愿领军断后。

陈友谅听从张定边建议，逃回安庆。张定边则率军在采石抵挡徐达派出的追击部队。

张德胜带着先头部队到达采石渡口，发现这里有张定边的五万皂旗军固守，立即下令停止追击，并向徐达报告。徐达催动诸军向采石集结，准备夺回此地。战前徐达和常遇春一起侦察了一番，发现张定边的皂旗军果然是精锐，他把五万人马分成五个部分相互掩护，进可攻、退可守，采石通往太平的要道全部被他占据。此时如果要强攻，必然要经历一番苦战。由于没有水军掩护侧翼，张定边的布阵重点是防止徐达绕过自己杀向太平或者追击陈友谅，他把几艘巨舰和一些没有战力的破船排列在江面上，用铁锁牢牢连接，随时准备焚毁，以此阻挡徐达派出的追击军队。

不过，徐达还是敏锐地发现了张定边布阵的弱点，那就是江面上防御力量太弱，只要把张定边军的注意力吸引过来，那些横在江面的火船并不能长时间阻挡廖永忠水师的攻势。

于是徐达决定命张德胜率重装骑兵佯攻张定边右翼，吸引其注意力，派华云龙率军主攻张定边中坚，命廖永忠率水师攻其左翼，又派出周显率领一部偏师，绕道攻击观音桥，假意切断张定边退路。因为徐达判断张定边此战只是为陈友谅争取时间，必定会且战且退，不可能死拼到底。

可这次徐达错了，张定边部拿出了破釜沉舟之势，他不顾攻向观音桥的周显一部，反而全军向徐达杀来。

首先出问题的是张德胜的骑兵，这支部队在池州大败张定边，最后张定边只身逃脱，一直就在准备向这支部队复仇。这次，他为了对付徐达的重装骑兵的密集队形冲锋，准备了一支三千人的火器部队，并配合弓箭手、盾牌手和长矛手各一千人，演练了各种应对骑兵冲锋的战法。

见张德胜的重装骑兵出现在右翼，张定边立即把这六千人的混合军团调到了皂旗军右翼。张德胜像以往一样派出三千精锐重装骑兵，以密集队形冲锋。原本以大盾、长矛迎战的皂旗军突然把大盾向左右分开，三千火枪手从中间闪出，一时之间枪声大作，后面弓箭手的箭雨也向冲锋的骑兵队伍落下，带头冲锋的张德胜当场阵亡！

张定边见状立即反击，全军向徐达发起反冲锋。眼见自己的左翼要崩溃，这时徐达麾下的骁将王铭，单枪匹马杀进皂旗军阵中，虽然被刺伤了额头，但仍然带队来回冲杀了三次，暂时压制住了皂旗军的攻势。

这时猛攻中坚的华云龙骑马冲破张定边的阵线，整个中路战况明朗，廖永忠也突破燃烧的船只，冲向张定边布阵最弱的左翼。两边绞杀在一起，互不退让。

这时，张定边接到报告，陈友谅已经连夜逃回安庆，侧后观音桥遭到周显部围攻，自己随时有可能被包围。张定边下令在阵形侧后的两万人马向前，把前面的三万人替下来，这三万人马后退两里，各部依次向后，退向观音桥。

徐达下令全军追击，不过因为骑兵损失不小，又折了张德胜这员大将，所以在观音桥再战一番后，便停止了追击。

张定边率军退回太平，认为这里不能久守，下令全军连夜奔向宁国，再由陆路交替掩护，撤回徽州。

闰五月辛酉日，徐达收复太平，但斩获不大。之前的战斗已经把这座城池的防御工事基本摧毁，徐达亲自视察了陈友谅从太平西南角临近江面的登城地段。他和随后赶来的常遇春一番商量，为了防止陈友谅故技重施，立即将老旧城墙拆毁，向后移了二十里，重新筑城守御，破了陈友谅以水军攻城的战法。

追击结束，徐达、常遇春返回应天向朱元璋复命。

战后，朱元璋下令仿造陈友谅的巨舰，打造自己的舰队，同时休养生息，待明年兵精粮足之时，再亲自领兵征讨陈友谅。

至正二十年下半年，陈友谅杀死徐寿辉的恶果逐渐显现出来。他只是用自己的实力暂时压制了原本和他平级的诸将，现在龙湾战败，陈友谅实力大减，麾下诸将人心思变，再加上他还杀了赵普胜，在朱元璋、徐达派出的细作攻势下，陈友谅内部开始分崩离析，不少大将纷纷倒戈投奔朱元璋。

七月，徐寿辉旧将于光攻取鄱阳湖边的饶州路，向朱元璋投降；九月，徐寿辉旧将袁州守将欧普祥投降朱元璋。

朱元璋见陈友谅内部已经分崩离析，当即决定再次西征、讨伐陈友谅。但在此之前，仍有一些必要的准备工作要完成。

至正二十一年（1361）年初，刘福通为了拉拢朱元璋，封他为吴国公，并给了他便宜行事的权力。三月，朱元璋更改官职，撤销枢密院改为大都督府，徐达的同知枢密院事一职没有被提及，不久他改任中书右丞，但仍行都护诸军之职。同时，朱元璋任命侄子朱文正为大都督统领全军。

所有人都认为大都督的位子当仁不让地应属战功赫赫的徐达，朱元璋却把这个至关重要的位子给了他年仅二十五岁的亲侄子。朱文正当时还没有什么拿得出手的战功，就获得如此权力，只能说明朱元璋骨子里最信任的还是自己的亲族。

其实这个时候，朱元璋身边的派系还是比较复杂的。武将中以最早起家的"淮西二十四骑"为一派，其中代表人物徐达、汤和都是朱元璋最信任、最倚重的人，他们大多出自濠州钟离县，从濠州起就跟着朱元璋一起并肩作战、出生入死，可以称之为"濠州派"。

文官中最得重用的是朱元璋在定远招募的李善长、朱升、胡惟庸等人。他们本是当地一些不出名的小知识分子和刀笔吏出身的人，虽腹中墨水不多，但执行政令、出谋划策的能力很强，可以称之为"定远派"。

"定远派"和"濠州派"又都属于淮西集团，他们当中很多人都逐渐联络成为亲家，关系盘根错节。李善长是淮西集团早期为数不多的文士，年纪最大、威望最高，他也就成为淮西集团的领袖。

不过有意思的是，徐达、汤和这两位武将似乎刻意和淮西集团保持距离，不愿意和李善长走得太近。

随着朱元璋的势力不断膨胀，又出现了三个新的派系。一个是"匪派"。这些人早年为土匪、水匪，后率部投靠朱元璋，代表人物是常遇春、廖永忠。这些人匪性难改，朱元璋对他们保有戒心，所以给了徐达监察诸军的权力，用徐达来制约这些人。

另外一股势力就是朱元璋身边逐渐成长起来的养子或子侄，他们可称为"亲族"，以李文忠、沐英、朱文正为代表，这些人年纪虽小，却和朱元璋关系最近，所以各个都身居高位。但因为徐达在军中的巨大威望，所以他们听从徐达节制。以朱文正为例，他虽然当了大都督，但从实际来看，只是挂了个帅名，实际上，他的职能跟邓愈、胡大海差不多，在一方镇守，从来没有真正统率过全军。

最后一股势力是"降将"。这拨人以康茂才和之后投降的傅友德为代表。他们作战十分勇猛，却不受信任，参与不了核心决策。但徐达为帅，用人不疑，经常提拔、推荐他们出任重要位置，他们也将徐达视为恩人，愿意接受其指挥。

文官中也有新鲜血液的加入，就是以龙湾之战前加盟的刘基为首的"浙东集团"。这些人有真才实学，名噪一时。他们本与其他集团没有太多交集，但随着朱元璋势力的不断膨胀，特别是科举考试的恢复，浙东集团文官凭借其文化底蕴，取代了淮西集团"定远派"文官，逐渐占据重要位置。

眼见后来者居上，以李善长为首的"定远派"逐渐开始拉拢"濠州派"武将，试图和浙东集团展开较量。

总体来说，武将中的所有人在长期的战争中受到徐达节制，彼此逐渐走近，徐达也成为武将派公认的领袖人物。文官中，淮西集团的"定远派"对徐达的态度是拉拢，浙东集团对徐达的态度是敬重。

徐达对于这些人的争斗虽然心知肚明，却刻意远离这些争斗，专心致志地研究自己的用兵之道。

刚刚被刘福通授予吴国公爵位的朱元璋继续派人与察罕帖木儿交好。双方约定彼此罢兵休战，朱元璋甚至给察罕帖木儿写信表示愿意作为中间人，让刘福通、韩林儿接受大元帝国招安。他也希望察罕帖木儿约束张士诚，让其不要再进攻刘福通和自己，以免破坏招安大计。

察罕帖木儿决定按照自己的既定方针，荡平山东。此时他只剩下一座益都城还没有拿下来,在和朱元璋和谈结束后,察罕帖木儿率军攻向益都。当时谁也没有想到这位百战百胜、纵横天下的元朝大将会葬身此地。

朱元璋暂时稳定了北方、东方的威胁,经过一年的休养生息,兵精粮足,于至正二十一年(1361)八月,亲统大军,以徐达为先锋,向陈友谅在长江中游的重镇安庆杀了过去。

第五章 血战鄱阳 大势已定

至正二十年（1360）闰五月的龙湾大战，徐达协助朱元璋战胜了最危险的敌人陈友谅。之后几年间，徐达在朱元璋麾下经历安庆、洪都、鄱阳湖多次大战，屡败强敌，陈友谅亦兵败身死。

至正二十四年二月，朱元璋亲自统兵西征武昌，陈汉政权灭亡。徐达负责率军镇守应天，之后他又将代替朱元璋征伐四方。

其间，察罕帖木儿被刺，刘福通兵败被杀，韩林儿溺水而亡。这场决定天下大势的战争，只待朱元璋与张士诚的最终对决。

第一节 反攻江西 安庆大捷

陈友谅在龙湾这一仗败得太惨，折损了大量兵将、船只，他杀徐寿辉、赵普胜的做法又点燃了原"天完"军其他将领的怒火。至正二十年九月，徐寿辉亲信部将欧普祥在袁州举旗投降朱元璋；袁州在陈友谅势力的西面，欧普祥和朱元璋东西呼应，让陈友谅陷入腹背受敌的困境。陈友谅亲弟弟陈友仁率兵出马艰难夺回了袁州。

到了至正二十一年（1361）年初，陈友谅命张定边放弃徽州，移军安庆，保卫江州，准备应对朱元璋反击。果然这一年八月，朱元璋在应天誓师，率领十万大军西征。这一仗，朱元璋亲自出征，他乘坐从陈友谅军缴获的龙舟逆江而上，出征前，他先写下了军令，誓灭陈友谅："友谅杀主僭号，犯我近疆，殒我名将，观其所为，不灭不已。"

此番作战的计划是徐达、常遇春统率三万人马为全军先锋，直指安庆；胡大海率领部队攻向信州。

朱元璋要一口吞下整个江西的地盘。

陈友谅此时兵力不够，特别是水师损失惨重，所以他率军驻扎在江州，靠着鄱阳湖口掩护自己的大本营龙兴，派张志雄率军驻守安庆抵抗徐达、常遇春。此外，从北方红巾军前来投靠的大将傅友德，被陈友谅安排和另一位猛将丁普郎一起率领步卒驻守江州以东的小孤山，作为抵御朱元璋的最后屏障。张定边的精锐则驻守在江州城内，控制着为数不多的舰队，确保安庆、龙兴、饶州这几个据点的联络和粮食供应。

原本这个战役部署还算是周全，只是陈友谅碰到了知人知兵的徐达。

徐达率军逆江而上，很快攻到安庆，他对这一带的地形非常熟悉。安庆路原本是赵普胜的守地，其首府怀庆是长江中游的兵家必争之地。两年前朱元璋派俞通海率军在枞阳打败赵普胜，但是因为兵力不足，未敢深入至此。一年前，徐达率军绕过怀庆，走水路焚烧了"天完"军在潜山的屯粮，但仍然拿怀庆没有办法。随着池州之战后城墙被毁，怀庆在长江中游的战略地位更是无法动摇。陈友谅在东征时，已经在城中储备了充足的粮食，又对城墙进行了加固，这里成为长江中游守备力量最强大的城池。

强攻的话，徐达没有把握，但是他发现守将是张志雄后，立即就有了主意。徐达决定攻心为上。他了解到张志雄为人，作战凶悍勇猛，水匪出身，之前是赵普胜的部下，此人忠于赵普胜，并不会对陈友谅死心塌地。徐达派人前去招降，承诺其待遇都不变。赵普胜死后，张志雄本无心跟随陈友谅，见徐达来人招降，立即率军投降朱元璋了。

张志雄把怀庆的防御底细透露给徐达：当下陈友谅部最难攻克的是怀庆水寨，归大将张定边直接管辖。这座水寨实际上是用陈友谅仅剩的十多艘大船捆绑而成，横亘长江，挡住了徐达进攻的道路。

张志雄知道水寨的口令和防御的薄弱点，徐达当即决定让赵德胜率领精锐一万人在张志雄的带领下，偷袭怀庆水寨。

有了张志雄的献策，赵德胜一路十分顺利。他率领水军攻入水寨，大破张定边部。张定边率领残部逃往武昌，甚至没有来得及向江州的陈友谅汇报军情。赵德胜顺利拿下水寨之后，没有穷追张定边，反而一边请示徐达，一边立即率水军向小孤山急进。

小孤山的位置非常重要，西面是黄湖、大官湖，东面是长江。

这座山夹在江湖之间，海拔虽然不高，但却是一个难得的高地。丁普郎、傅友德率领两万步兵据守此地，只要把住这个口子，徐达就很难从陆路推进。可赵德胜率水军直接绕过这里，攻向江州，到了离江州五里的时候，后知后觉的陈友谅才得知这一情况。

陈友谅知道自己布置的防御已经崩溃，一旦江州被围住，将无援军前来解围，城中此时兵力不足，很快便会被徐达攻克。于是他决定放弃经营多年的江州，也逃往武昌。

陈友谅这一逃，江州立即被徐达攻占。朱元璋见进展如此顺利，大喜过望，亲自带着刘基等一干谋士赶到小孤山劝降丁普郎、傅友德。两人眼见陈友谅已遁逃，再僵持下去只会白白搭上性命，便投降了朱元璋。朱元璋带着这两人和张志雄一起来到怀庆城下，怀庆守军已丧失斗志，在张志雄的鼓动下，原来徐寿辉、赵普胜的部下纷纷倒戈，归顺朱元璋，徐达兵不血刃，夺下怀庆，平定安庆路。

朱元璋把丁普郎、傅友德二人派到徐达帐下听用。之前在李喜喜、明玉珍、陈友谅麾下郁郁不得志的傅友德，从此终于得到机会充分施展自己的军事才能。

紧接着，徐达出兵连续横扫蕲州路、黄州路等地，直逼武昌城下。十一月，抚州路投降。陈友谅的大本营龙兴彻底被朱元璋从东南西北四个方向包围了，朱元璋拿下此地只是时间问题。

龙兴守将是陈汉丞相胡廷瑞（后改名胡美）。他和陈友谅是故友，二人都是沔阳人，眼见陈友谅好杀伐，如今大势已去，于是也萌生了投降朱元璋的想法。他派人到江州与朱元璋谈投降条件，他希望能保全性命，保留自己的私人部曲①。

朱元璋此时正顺风顺水，眼看陈友谅坐困武昌，胡廷瑞被围龙兴，皆是强弩之末，破城只是时日问题，他认为胡廷瑞根本没有资格和他讲条件。朱元璋坐在胡床②上，面带不悦，想要拒绝胡廷瑞的条件。而侍奉在旁的刘基忽然踢了一下胡床，给朱元璋警醒暗示。朱元璋立即醒悟：只要能减少损失，尽快破城，胡廷瑞的这些条件简直不值一提。他当场表态，之前投降的张志雄、丁普郎、傅友德等人都已经给予优厚待遇，若胡廷瑞献城，那待遇更好。至于部曲之事，更不足挂齿。胡廷瑞闻言，立即带领手下祝宗、外甥康泰开城投降。

至正二十二年（1362）春正月，朱元璋命徐达继续统率诸军围攻武昌，他则亲自前往龙兴，接受胡廷瑞献上的城池，并将龙兴的名字改回隋唐时代的旧称"洪都"。

元代龙兴路是江西行省治所在，是全国最重要的十路之一。朱元璋对这个地方也很重视，派出名将邓愈在此坐镇防守，还把浙东名士叶琛留在此地，帮助邓愈处理政事。

此次西征不到半年，便攻下整个江西，出征的战略目的已经完全达到。但朱元璋立誓剿灭陈友谅，永绝后患，于是徐达一路追着陈友谅，从江州赶到武昌城下。

相比此时洪都城中春风得意的朱元璋，徐达却在武昌城下哨

---

① 部曲：汉唐时代正规军队编制，宋元以后泛指高级将领自己豢养的私人军队，往往规模不大，但战斗力很强。

② 古时一种可以折叠的轻便坐具，类似今日的马扎。

着这块"硬骨头"。

武昌历来就是坚城,单靠骑兵根本无法攻克。徐达一路奔袭,并未准备重型攻城器械,而且自己的兵力也不足,只能暂时停下来。武昌地处汉水、长江交汇点,更兼城池坚固,徐达不敢压迫太近,改在汉水东岸、长江北岸的沌口屯兵,利用地势条件,保障自己的侧翼,和陈友谅隔着长江对峙。

陈友谅一路也在搜罗残兵,准备反击。作为一代枭雄,他也一眼看出了此时徐达的弱点:因为奔袭迅速,导致补给线拉长,多亏了长江这条生命线,可以用水军补充给养,这才能跟陈友谅在武昌对峙下去。那么能不能在长江上打败徐达,切断对手的水上补给线,就成为能否迫使对手退兵的关键。陈友谅决定自己带兵先固守武昌,和徐达长时间对峙,让弟弟陈友仁和心腹张定边在沔阳重新建造大型战舰,夺回江面控制权。

徐达也明白自己兵力不足,他连连派人向朱元璋请求援兵。

朱元璋这时候被胜利冲昏了头脑。收到徐达的请求后,确实立即给徐达派来了援军,可是这些援军大部都是降军,包括原属于胡廷瑞的祝宗、康泰,原属徐寿辉的丁普郎、傅友德,原属赵普胜的张志雄等一众降将和他们统率的大约三万人马。不仅这样,他还把长期在徐达麾下,由赵德胜统率的一万精锐骑兵调去抚州,徐达的最佳搭档常遇春也旧伤复发,回到应天休养。这样一来,徐达原本的三万人马是扩充到了五万,但最精锐的部队和最得力大将都被调走,原本跟随他从南京出发的部队只剩下两万多人。其余部队不仅战斗力不强,而且有再次倒戈的风险。

但是向来服从指挥的徐达接受了朱元璋的安排。他决定全力加固沌口大营，命令丁普郎、傅友德立即由陆路经蕲州路赶往沌口大营会师，要求张志雄带一万人马随同水军运粮部队由长江前往沌口大营，祝宗、康泰的一万人马从洪都出发，经江州，由江南陆路攻往武昌城下，只要这几批人马按时赶到，完成集结，徐达就可以率军跨过长江，攻击武昌城。

至正二十二年三月，历时六个月的安庆之战告一段落。自龙湾之战开始，陈友谅、朱元璋双方从应天城下一路杀到武昌，形成对峙。陈友谅丧失了江西的大片地盘和大本营龙兴，原本收编的徐寿辉部，基本全都投降朱元璋。陈汉政权原本一片大好的形势瞬间逆转，原本并不强大的朱元璋取得了惊人的胜利，势力大增。

对徐达而言，这一路打得异常轻松。从他在安庆前线，利用心理战招降张志雄后，基本上一顺顺风顺水，敌人可谓望风而降。徐达的追击战也打得特别精彩，再次使用之前进攻潜山的方法——水陆结合，一路追击，打得陈友谅丢盔弃甲。

陈友谅虽然败了，但他却没有认输。这位取代徐寿辉，坐上皇帝位的枭雄，决心开始反扑，再次与朱元璋决战。

徐达也迎来自己军事生涯中最危险的一次考验。

第二节　军抵武昌　两夺南昌

至正二十二年二三月间，陈友谅开始了自己的反攻。陈友谅是渔民小吏出身，对各阶层的人心、人性了如指掌，他抓住了此时节节胜利的朱元璋犯的错误——短时间内队伍过度膨胀，军士战斗力良莠不齐，又没有经过训练和改编，就把这些部队派上战场。

既然这些人能为了利益投降朱元璋，那么只要利益够大，这些人一定还会见风使舵。陈友谅立即对这些刚投降的人进行引诱，许以重利，约其背叛。无独有偶，一直蛰伏在浙西的张士诚见陈友谅大败，朱元璋在过去的一年里势力急剧膨胀，眼看要危及自身。他和陈友谅采用了一样的办法，通过贿赂新近归附朱元璋的人，来瓦解对手。

当朱元璋刚离开洪都返回应天，陈友谅和张士诚的阴谋攻势就开始了。首先发难的是张士诚，他买通了刚刚投降朱元璋的蒋英，杀害了大将胡大海。

胡大海作为朱元璋集团重要将领，他自渡江前就投奔朱元璋麾下，逐步成长为智勇兼备、能够独当一面的主帅。在和张士诚的对峙过程中，胡大海多次打败张士诚麾下大将吕珍；上一年，他又率军从衢州、信州方向迫降饶州，取得重大胜利。此外，胡大海敬重文人，著名的浙东四大才子就是他向朱元璋推荐的。

胡大海是朱元璋在浙东的主将，他死后浙东重镇金华乱作一团，紧接着开始了连锁反应，处州守将耿再成被降将李祐之杀害。耿再成是朱元璋起家的"淮西二十四将"之一，是朱元璋的嫡系将领。耿再成听说李祐之叛乱，只召集了不到二十人就前往平叛，他怒斥李祐之等："贼奴！国家何负汝，乃反。"他力战众贼，最终寡不敌众，饮恨被杀。

朱元璋布置在浙东对付张士诚的两位大将先后被杀，东线上应对张士诚的形势迅速恶化。

西线上的陈友谅也没有闲着。他的贿赂对象是自己的旧部，曾在胡廷瑞麾下的祝宗、康泰。祝宗和康泰在跟随胡廷瑞投降之后，并没有像胡廷瑞、丁普郎、傅友德那样得到重用，在朱元璋帐下并不顺心。三月，两人奉命前往武昌支援徐达。乘船刚到江州边的女儿港，就被陈友谅派来的人以重金收买。本来就不想投降的二人随即率军反叛，回师进攻洪都。

留守洪都的邓愈也是朱元璋麾下大将，在朱元璋军中威望极高，邓愈治军严整，统兵有法，他刚到洪都，还未来得及布防，祝宗、康泰的一万多人就连夜攻破洪都新城门，杀入洪都城。

邓愈仓促迎战，和耿再成一样，他身边只有十几个骑兵，一时间陷入危机，多亏手下部将以死相护，他一路换了三匹战马，好不容易才杀出一条血路，逃回应天去了。原本被任命为洪都太守的浙东名士叶琛就没有那么幸运，直接被叛军抓住杀害，洪都被陈友谅夺回。

洪都、金华接连出事，朱元璋后方不稳，徐达自然也就不可能跟陈友谅继续在武昌相持下去，撤兵是唯一选择。陈友谅却不会放过这个机会，让徐达从容撤退。

这时徐达沌口大营的兵力大约四万人，陈友谅武昌城内的兵力约三万人，另外在沔阳刚刚造好的重型战舰和重新募集的三万水军已经由张定边统率，出沔水向沌口杀来。陈友谅和张定边两军会师后,徐达将不再有兵力优势。更重要的是,一旦这支重型战舰组成的舰队进入长江,徐达刚刚攻克的安庆、江州都有可能被敌方夺回。

现在朱元璋全军散布在江西、安徽一带,只有徐达的这四万人完成了集结,且已经依托沌口地势构筑起坚固的防御工事。徐达冷静分析战场形势之后,决定暂时先不撤退,凭借坚固工事和张定边的巨舰周旋,为朱元璋重新部署防御赢得时间。

三月,长江刚刚涨水,徐达利用沌口大营扼住沔水汇入长江口的地理优势,在东岸壁垒架设火炮,在沔水上架设浮桥铁锁,将张定边的巨舰堵在沔水中。这样一来,陈友谅和张定边就不可能会合。缺少了张定边的水师,陈友谅在武昌的部队就不能轻易渡过长江攻击徐达,就这样,徐达与陈友谅暂时保持着僵持状态。

但是兵家重地洪都失守于朱元璋十分不利。相持十多天后,朱元璋的命令到了,让徐达率领沌口大营的全部兵力,迅速夺回洪都,并将调去抚州的赵德胜一万精锐骑兵重新派给他。

四月,徐达决定开始组织敌前撤退。他调来驻扎在安庆、江州的水军负责人廖永忠,让他准备舰只运输部队撤退。为了防备万一,徐达令傅友德率一万人马先行撤往蕲州,由陆路转进安庆。隔了两天之后,徐达又下令张志雄率领一万人马乘小船,由水路转进江州,自己和丁普郎率领两万兵马等廖永忠水师来接应,而后全军上船,撤往江州重新集结。

陈友谅见连日有部队撤出沌口大营,也判断徐达要退兵,可惜自己手里没有水师，无法追击。张定边被堵在洵水里，有力气使不出。陈友谅只能派人紧急通知祝宗、康泰，让他们死守洪都等待自己的援军。这两人得到陈友谅的命令，立即加固洪都城防，防备朱元璋的反扑。

徐达在回江州的路上已经派人一面前往洪都侦察祝宗、康泰二人动向，一面派人联络赵德胜。全军顺利从沌口大营撤到江州后，徐达不等傅友德、张志雄前来会合，立即和丁普郎率两万人马从江州出发，经鄱阳湖杀向洪都，同时命令赵德胜率领麾下一万精锐骑兵从抚州直扑洪都。

徐达这两路兵马顺利在洪都城下会合。为了不给敌人喘息之机，也不让敌人能够准确评估自己的兵力，他下令廖永忠率水师攻击洪都水门，赵德胜攻击抚州门，自己和丁普郎攻击北门，全军不留预备队，发动轮番攻击，务必要在陈友谅的支援部队到来前夺回洪都。

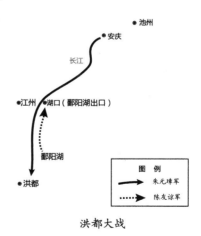

洪都大战

这次双方都是在搏命。城里的祝宗、康泰知道徐达不可能再接受自己投降，徐达也知道他没有多少时间可以浪费，张定边的水师随时可能前来支援。其间，赵德胜肩膀被洪都守军发射的石炮击中，负了伤。

双方死拼了一天，祝宗、康泰觉得徐达此番攻势实在太过猛烈，认为难以固守，连夜分头出逃。祝宗决定经过临江逃往袁州投奔陈友仁，康泰准备经过广信投奔张士诚。结果祝宗在路上被杀，康泰也在广信被活捉。因为胡廷瑞，朱元璋再次放过了这个叛徒。

徐达夺回洪都，朱元璋非常高兴。但自己麾下的第一大将不可能长时间驻守此地，于是他让徐达率领所部兵马撤回应天，把洪都交给了侄子、五军都督府大都督朱文正。赵德胜因为受了伤，也留在洪都养伤。对失城的邓愈，朱元璋也未加追究，反而将他派回朱文正麾下听用，共同守备洪都。

朱元璋此时召回徐达，是因为天下大势发生了变化。就在他和陈友谅死拼的时候，察罕帖木儿已经平定山东，元顺帝授予他便宜行事之权，整个黄河流域山西、陕西、河南、山东全部归他节制。察罕帖木儿开府汴梁，奖励农商，屯田积谷，他麾下的三十万大军，纵横北方数十年，百战百胜，威名赫赫。他手下更是名将如云，铁骑如林。张士诚望风归降，刘福通、韩林儿被打得毫无招架之力。

在朱元璋看来，张士诚和陈友谅此时已经不能对他构成很大威胁：张士诚在战略上被分割为淮东和浙西两块，彼此连接照应困难，徐达又在常州之战后构筑了以江阴、常州、长兴为支撑点的坚固防线，已把张士诚牢牢锁死；陈友谅丧失江西大块地盘，兵将船只也损耗极大，短时间内也威胁不到自己的核心地域——应天。只有察罕帖木儿可以经过运河一路打到扬州，直接威胁应天。

徐达统率的精锐部队是朱元璋抵御这一威胁的重要筹码。

至正二十二年六月，眼见察罕帖木儿势力进入淮河流域，虽然与朱元璋依然互派使臣，但彼此都视对方为平定天下的最大对手，只是维持着表面的和平，暗地里已经是剑拔弩张。

在此关键时刻，七月间，朱元璋麾下大将邵荣、赵继祖突然起兵谋反，虽被朱元璋发现并化解，但仍对朱元璋造成了很大影响。邵荣在朱元璋之前就已经投入郭子兴麾下的濠州义军，他原本在朱元璋集团中是可以和徐达、常遇春相提并论的大将，竟然背叛朱元璋，所有人都没有想到。徐达、汤和这些老资格的兄弟甚至还为他求情，朱元璋也一度动摇。但是常遇春坚决反对：如果邵荣犯了谋反这种天大的罪名都能活下来，那么常遇春将以死而求大义。朱元璋权衡利弊，只得下令处死邵荣和赵继祖。

这样算来，朱元璋的核心集团在过去的一年中接连损失了花云、张德胜、胡大海、耿再成、邵荣、赵继祖六员大将。

朱元璋决定再捡起当年"高筑墙、广积粮、缓称王"的对策，对察罕帖木儿表示屈服，他甚至学着张士诚的样子，派人向元廷求和称臣，希望至少得到张士诚那样"裂土封王"的待遇。察罕帖木儿本就计划先平定河南，彻底消灭刘福通势力，先稳住朱元璋对他来说也是件好事。于是他同意帮朱元璋求得大元帝国江西行省平章政事的高官，让朱元璋割据江西的统治合法化。在他看来，朱元璋由一个平民变成大元帝国封疆大吏，这样的待遇足以稳住他。待平定刘福通后，可以挑动张士诚、朱元璋、陈友谅混战，自己再渔翁得利。元顺帝同意察罕帖木儿的提议，决定派尚书张昶代表朝廷去正式给朱元璋封官，并让他讨伐陈友谅。

就在这个节骨眼上,山东传来了一个惊人的消息:北方红巾军田丰、王士诚刺杀了察罕帖木儿。他两人原来都是毛贵的部下。起初山东红巾军在毛贵的带领下,作战还算顺利。当年察罕帖木儿围攻汴梁,毛贵准备出兵解围,却被赵均用暗杀,随后赵均用也身死,山东红巾军遂分裂瓦解,田丰、王士诚逐渐成为其中较强的两部。察罕帖木儿在夺取汴梁后,进军山东,经过一番鏖战,田丰、王士诚只剩下最后的据点益都城。至正二十二年六月,他们决定先假意投降,伺机再举。察罕帖木儿认为这两人英勇善战,可为己用,对他们十分欣赏,甚至单独出入田、王二人军营。这时候身边就有人提醒他,这两人刚投降,还是要防范一下。察罕帖木儿胸怀天下,想要效仿光武帝刘秀对二人推心置腹,反劝手下:"吾推心待人,安得人人而防之?"结果,本来就把投降当成缓兵之计的田丰和王士诚趁察罕帖木儿不防,杀了察罕帖木儿。

大元帝国最后的救星就此陨落,也丧失了扫平天下的最后希望。元顺帝很伤心,追封察罕帖木儿为颍川王,封察罕帖木儿的父亲阿鲁温为汝阳王,命察罕帖木儿的外甥、养子扩廓帖木儿继续统领其父的兵马。但扩廓帖木儿年少一时不能服众,原来的三十万部众分裂成李思齐、张良弼等大大小小几十部新军阀,又分别割据一方,原本统一的北方再次陷入混乱。

随着朱元璋在天下赌局中的最强对手察罕帖木儿被杀,他在徐达为首的一批名臣猛将帮助下终于占据了天下赌局的主动权。

第三节　转兵安丰　死守洪都

至正二十二年六月,察罕帖木儿被杀。十二月,眼见最大的威胁消失,朱元璋不再接受大元朝廷册封,拒绝出任江西行省平章政事。

此时,在朱元璋看来,天下赌局中最强的对手已死,自己名义上的领袖刘福通、韩林儿的势力范围和军队已被察罕帖木儿消灭殆尽;张士诚是自守之贼,不足为惧;陈友谅经前番大战,也被逼回湖广一带,实力大减。而下一步,就需要在陈友谅和张士诚中选择一个下手,那么孰轻孰重、孰急孰缓呢?

至正二十三年(1363)二月,还没等朱元璋作出决定,东面的张士诚和西面的陈友谅两个人就同时对朱元璋亮出了獠牙。

张士诚没有直接与朱元璋交战,他自立为"吴王",派大将吕珍攻打已经退到安丰一带的刘福通、韩林儿,就是想一举夺下淮西,背靠北方元廷,转过头来再战朱元璋。陈友谅更直接一些,他用了大半年时间,重新造好了一支舰队,准备反攻江西。首战之地选得更是毒辣——他要直扑鄱阳湖西岸的饶州。这是准备利用水军优势,彻底隔断鄱阳湖,而后打下洪都,重新控制江西。

这两边都气势汹汹,朱元璋要先应付哪边呢?

就在这时,安丰的刘福通和韩林儿的残兵抵挡不住吕珍的猛攻,只能派人向朱元璋紧急求援。徐达等人都认为,此时无论于情于理,都必须救援安丰。因为朱元璋没有接受元廷的招安,那就依然还是韩宋政权的部下，此番援救天经地义；从战略上看，安丰历来是江南割据政权必须要争夺的军事要地。若想割据江南求平安，那么守江必守淮，这是不变的道理，如果要想北伐中原成就帝业，那么这里就是通向中原的枢纽。

而这个合情合理的方案，只有一个人不同意——刘基。他的理由很简单，西边的陈友谅和东面的张士诚都对朱元璋虎视眈眈，如果贸然出兵，陈、张二人来袭，将无周旋之法。刘基的分析很有道理，但朱元璋没有听刘基的话，依然决定出兵安丰。朱元璋的这个决定是否正确呢——很多人认为安丰之行得不偿失，甚至朱元璋自己日后都跟刘基认过错。①

其实，朱元璋的安丰之行并不像史书上说得那么简单。

首先，朱元璋此时的实力在陈友谅和张士诚之上，从战略角度分析，此时出兵直接和陈友谅在鄱阳湖决战似乎为时尚早，加上陈友谅之前有在龙湾战败的阴影，所以他大概率不会直接攻打应天。从后面陈友谅围攻洪都的状态来看，他的攻坚能力并不强。即使来了，朱元璋在应天经营多年，城池坚固，也不是那么容易让人打下来的。而如果让张士诚完全控制淮西，那么万一日后他和扩廓帖木儿合兵一处南下，反而比陈友谅更难对付。所以出兵安丰，确保以淮西将扩廓帖木儿和张士诚隔开，也是不错的战略选择。

---

① 《明史·太祖本纪》载：先是，太祖救安丰，刘基谏不听。至是谓基曰："我不当有安丰之行。使友谅乘虚直捣应天，大事去矣。乃顿兵南昌，不亡何待。友谅亡，天下不难定也。"

其次，朱元璋、徐达他们这拨号称"淮西二十四将"的嫡系班底，老家都在淮西。保住淮西是这些人必然要求，否则人心容易生乱，邵荣就是前车之鉴。

最后，此战救援韩林儿这位义军最高领袖，让朱元璋站在道义的制高点。能把韩林儿这面旗帜拿到自己手里，总比被张士诚拿走或者任由元廷将其剿灭更为有利。

这三点理由，解释了朱元璋为何不听刘基劝谏，必须要有安丰之行。

那么既然这样，朱元璋后来向刘基道歉认错又是为什么呢？因为此一时，彼一时。朱元璋道歉的时候已经准备称帝，不想让淮西一派武将勋贵在朝中独大，他向刘基道歉，实际上是希望扶植能力不俗的浙东士子和淮西勋贵抗衡。

徐达可能还没有察觉到朱元璋的动机，他只是简单地想保住老家。得到朱元璋的命令后，他立即率麾下五万精兵，在朱元璋亲自统率下北征张士诚，救援安丰。结果朱元璋、徐达轻而易举就把吕珍赶走，拿下安丰。可惜来晚了一步，刘福通已被吕珍所杀，不过好歹救下了小明王韩林儿。朱元璋把他安置到自己曾经的大本营滁州，并没有将他接回自己现在的大本营应天。

四月，夺取安丰的徐达奉命转兵攻打庐州。此时，陈友谅率汉军倾巢而出，号称六十万，水陆并进大举围攻洪都。陈友谅在主力围攻洪都的同时，又派兵向南、向西拿下吉安路、临江路；再遣精锐拿下无为州，控制巢湖，防止徐达部转进救援洪都。从陈友谅这一番举措来看，他战略意图的重点还是抢夺地盘，没有奔袭应天的意思。

此时长江中游重镇安庆、江州都在朱元璋控制之下,陈友谅即使拿下洪都,仍处在朱元璋势力的包围下,仍要进行反复的拉锯战。但对陈友谅来说洪都是必须要夺回的。因为洪都是江西首府,只有拿下这里才能完全控制鄱阳湖,然后自己可凭借水师的优势,继续向东攻击。

所以陈友谅把主力集中到洪都城下,一面隔断洪都与朱元璋其他各部的联系,准备攻坚战,一面把水军巨舰全部放到鄱阳湖里排开,这是他当时最稳妥的选择:朱元璋想要救援洪都,必须要到鄱阳湖里来和自己的水军决战。陈友谅一定是充分总结了龙湾之战的经验教训——他的水师最大的优势就是船只体形庞大,在江面作战可以轻松以大击小,将小船撞翻,但是大船速度较慢,也不灵活,一旦在狭小的江面遭遇小船围攻就会搁浅。史书载:"联巨舟为阵,楼橹高十余丈,绵亘数十里,旌旗戈盾,望之如山。"

眼见自己水军打不过陈友谅,朱元璋没有立即增援洪都,反而让徐达率领从安丰撤来的五万人马,加快进攻庐州,一是为了给自己集结部队争取点时间,二是希望洪都可以更多地消耗陈友谅的攻势。即使陈友谅拿下洪都,对朱元璋而言只要控制了淮西,随时可以从陆路攻击武昌,直逼陈友谅后方。只要把陈友谅拉上岸来跟徐达陆战,他就没有了优势。

陈友谅原本以为被自己"六十万大军"包围的洪都已是囊中之物。这次他依旧失算了。他太过轻视曾失守洪都的邓愈。陈友谅最大的优势是强大的水军,攻击的重点必然是城东南临近鄱阳湖的抚州门,邓愈亲自率人重点把守此处,加固工事,增派兵士。后邓愈又对其他城门的防御作出进一步部署,朱文正坐镇中央,赵德胜召集五千铁甲骑兵,作为机动部队四处支援。

四月,陈友谅果然如邓愈所料,率先攻击抚州门。陈友谅非常清楚,自己所率领的这"六十万大军"不但是虚张声势,而且绝大部分是临时凑起来的乌合之众,不及当年陪自己打到龙湾和在太平断后的皂旗军十之一二。所以他以坚船利炮来弥补这个缺陷:除了战舰之外,他还为部队配备了火炮、火铳以及弩机,用以对付重骑兵冲锋。

经过一个多月时间,完成扫清外围的战斗后,陈友谅见朱元璋分兵徐达攻打庐州,认为此时的洪都已经孤立无援,决定开始攻城。第一轮的打击先是以火炮对洪都城各门进行猛轰,特别是装备在巨舰上的火炮,对准抚州门倾泻着炮火。一阵狂轰后,直接把城墙轰塌了三十多丈。攻击抚州门的两万陈汉军队看见城墙塌了,立马一窝蜂地冲了上去,想抢头功。陈友谅见进展顺利,也立即命令部队冲锋。同时他还继续采用了太平之战时候用巨舰登城墙的战法,从水师中再抽调一万人登城作战。邓愈手里总共不过一万多人马,邓愈一面亲自披挂上阵,死守城墙,把缺口堵住,向朱文正告急求援,一面命令赵德胜的五千铁骑赶来支援。

赵德胜接到消息,认为不能直接去抚州门支援,一旦与大量陈汉军接触,自己的骑兵就不能发挥冲杀的优势。他决定出南门,绕到抚州门后面,切断敌方前来支援的其他部队,再回过头来配合邓愈消灭冲进去的敌人。朱文正这边也带着五千步兵赶过来，邓愈让他先去应对冲入城中的敌人，自己则率军把攻上城楼的陈汉水军赶回船上。

在这三个人齐心协力之下，陈汉军队被赶出了洪都城。

陈友谅不甘心，好不容易撕开缺口，不能就此作罢。于是他又调来两万人马，重新编组战斗队形，继续向抚州门发起下一轮攻击。邓愈让朱文正去监督，用木栅栏重新修好城墙，自己带五千步兵和赵德胜的五千铁骑背城列阵，掩护他筑城。

陈友谅亲自在战舰上指挥火炮掩护步兵方阵，并用令旗指挥步兵前进。这两万人排成方阵，以长矛手、盾牌手举起刚刚制作的竹排，掩护弓箭手、火枪手，用弩手保护两翼，稳步向邓愈、赵德胜方向推了过来。邓愈让赵德胜把骑兵全部集中到陈汉军侧后，自己指挥火铳手向对方疯狂射击，打散了陈汉军的竹排，把对手抵挡在城墙以外，等待赵德胜从侧后发起骑兵冲锋，一击制胜。

陈友谅这边指挥位置不好，只能观察到临湖一侧的状态，没有注意到赵德胜已经率骑兵从城墙一侧运动到步兵方阵侧后。结果五千铁骑找到陈汉军的薄弱部位发起冲锋，一下子就冲散了步兵方阵。阵形一乱，本来战斗力就不强的陈汉军根本不是邓愈、赵德胜这样百战名将的对手，迅速溃散。

邓愈终于挡住了陈友谅最危险的一次冲击。

赵德胜却在冲锋中被弩箭射中。这位猛将把箭拔出来后，感叹这是这辈子受的最重的伤："吾自壮岁从军，伤矢石屡矣，无重此者。丈夫死不恨，恨不能扫清中原耳。"说完，便在未能荡平中原的遗憾叹息中气绝身亡。

挡住了陈友谅第一轮猛攻之后,朱文正派亲信千户张子明向应天的朱元璋告急求救。朱元璋传檄徐达,要他从庐州出发,攻击在无为州的陈汉前哨部队。徐达和常遇春此时正带领五万人马围攻庐州左君弼。徐达得知赵德胜在洪都战死的消息,又收到朱元璋的调兵公文,立即和常遇春安排全军准备撤围,攻向无为州,消灭陈友谅的前哨。徐达把这个任务交给了自己手下、新任骑兵指挥官傅友德,让他统率三千铁甲骑兵,配合池州俞通海、巢湖廖永忠水师攻击无为州。

傅友德没有辜负徐达,他带着三千骑兵赶到无为州,发现城东南的高地被陈汉军占据,他们在此俯瞰全局,于己方极为不利,而且因此地为易守难攻之处,其他骑兵将领都面露难色,踟蹰不前。感恩于徐达的重用,傅友德义无反顾地带了几百人,直接疯了似的向着陈汉军的阵地冲去。对方立即放箭反击,一支箭射到了傅友德脸上,他仍然不管不顾,一鼓作气冲破了阵地外的栅栏,把对手杀得七零八落,最终夺下山头。

本来陈汉这支前哨部队兵力不多,只负责监视敌军动向,溃败后他们连夜逃走,去鄱阳湖和陈友谅会合。陈友谅见围点打援目的已经达到,立即放弃攻击洪都,重新布阵。

徐达也和常遇春率水军顺利赶到鄱阳湖口,与朱元璋会师,决定元末天下赌局的一场血战即将爆发。

第四节 鄱阳血战 力取头功

至正二十三年（1363）七月，陈汉皇帝陈友谅和朱元璋在鄱阳湖摆好阵势，准备决战。

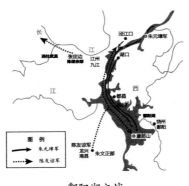

鄱阳湖之战

徐达先占住泾江口、南湖嘴，切断了陈汉水军出鄱阳湖的退路，朱元璋到达后，又传令信州一带的部队堵住武阳渡，准备"关门打狗"。眼见退路断了，陈友谅却丝毫不慌，一面停止攻击已经被围了八十五天的洪都城，留下少数兵力监视；一面召回攻占饶州的太尉张定边的精锐部队，全军向东迎着朱元璋杀了过来。

七月丁亥日，两支准备拼命的大军在康郎山相遇，朱元璋军在东北，陈友谅军在西南，这次两人只能有一个活着走出鄱阳湖。

此番陈友谅造出来的战船比两年前龙湾之战时的更大，设计更精妙：这种大舰高有十多米，战舰分为三层甲板，每层都用厚木板来防御弓箭。动力由底层的划桨手以及风帆提供，船橹上都包裹一层铁皮，防备火器。每条战舰上都可以容纳两千人，是前所未见的强力战舰。

徐达亲自乘船视察了一番康郎山的地形，又仔细看了陈友谅的水寨，做出了自己的分析：他认为自己这边的战舰和陈友谅的巨型战舰正面硬拼的话无异于以卵击石，但陈友谅的战舰也因为巨大，有明显的弱点——难以掉头，不方便操控，机动性不足，速度也追不上朱元璋这边的小船。应当充分利用己方的优势来打这一仗，不可逞强。

朱元璋对徐达的分析深表赞同，他为众将打气，说陈友谅的这种连环船阵看着威猛，实际上机动能力很差，不足为惧，我们一定可以打赢。朱元璋把全军分为二十队，围着陈友谅的巨舰，利用机动优势绕着对手进攻，全军先用火铳轰击、弓箭发射，对对方进行骚扰消耗，等双方靠近，再跳上船正面搏杀。

七月戊子日，徐达、常遇春、廖永忠率领三队水师主动向陈友谅军发起攻击，陈友谅派出三队巨舰分别迎战。徐达一改往日坐镇阵后指挥的沉稳，反而一马当先，率领船舰主动接近陈汉巨舰。

眼见双方就要相撞时，徐达传令全舰队左转绕过巨舰，拉开距离，围住当中的一艘，疯狂地用火铳、弓箭攻击船上的水手、兵卒。船虽然坚固，但兵不是铁打的，结果这条巨舰上的陈汉士兵纷纷倒下。徐达的船队像一群苍蝇一样围着敌人的巨舰，不断地侵扰，敌人竟然毫无对策。他们即使疯狂地还击，也很难击中高速移动的徐达舰队，打不中，又赶不走，只能被动防御。

眼见徐达的打法奏效，常遇春、廖永忠纷纷依样画葫芦，一时间在鄱阳湖上，形成了三个战斗群，都是朱元璋的小船包围陈友谅的巨舰，双方缠斗在一起。

就这样围攻了一个多时辰，见敌方船上人员死伤惨重，徐达知道时机已到，突然令旗一挥，原本围着巨舰穿梭的船队突然转向，从侧面冲了上来攻船。陈汉军毫无办法，船上军士被徐达斩杀殆尽，就连陈友谅引以为傲的巨舰也被徐达夺下，挂起自己的旗帜，开回了朱元璋的水寨。

被常遇春、廖永忠围攻的另外两艘巨舰眼见徐达登舰成功，立即掉转船头，不顾一切地突破包围，撤回本阵。这一仗，徐达立下了头功，不止在战斗过程中俘获一艘巨舰，更重要的是从心理上打破了己方将士们对陈汉巨舰的恐惧，让大军士气大振——陈友谅的巨舰规模空前，而徐达一战就证明了采取正确的战法，小船也能获胜。

而张定边却发现了徐达战法的漏洞：虽然朱元璋的水师机动性好，这种打法却必须将自己的舰队分散开来。这样一来朱元璋的帅船实际上缺乏保护，暴露了出来。张定边建议第二天大军齐出，逼迫对手全部出战，而后自己带一队快船，直冲朱元璋帅船，擒贼先擒王。陈友谅觉此计甚妙，传令全军依照太尉指示行动。

七月己丑日，张定边亲自统率二十多艘巨舰和上百艘中小战舰在鄱阳湖面一字排开，向朱元璋杀来。徐达也统率舟师二十队出寨迎战。徐达这次改进了自己的战法，他让俞通海把所有大船集中起来单独成为一队，装备火炮，以斜纵队从右翼出击，用火炮掩护其他舰队围攻对方巨舰。一时之间，多艘陈汉军舰都中炮起火。

张定边不为所动，下令全军以巨舰为核心，分成十队继续冲锋，同时下令集中所有火炮猛轰徐达的帅船和朱元璋军各队的指挥舰。陈汉军船大炮火力充足，一番轰击下来，朱元璋这边两位统兵元帅宋贵、陈兆先的指挥舰先后中炮起火沉没，两人也都战死。

徐达自己的帅船也中炮起火，并引来张定边手下船队的围攻，一时间丧失了指挥能力。看到徐达有危险，全军又失去了指挥，朱元璋下令自己的帅船前移，代替徐达指挥全军作战。眼见徐达船上火越烧越旺，在船上的朱元璋担心徐达有生命危险，立即把护卫自己的舰队调出营救徐达。徐达也亲自上阵，和跳帮上来的陈汉军血战，终于击退了对方。

当徐达稳住自己的帅船后，突然意识到，此时的朱元璋已经陷入了危局——原来为了救援徐达，朱元璋已经投入了仅剩的预备队，自己身边已经没有了屏障。

张定边等的就是这个时机，他立即出击，带领二十艘早已准备好的快船，不再理会还在乱战中的各队，径直向朱元璋扑去。

慌乱之中，朱元璋的帅船也出了问题，船卡进了沙洲里，无法动弹。朱元璋的身边护卫韩成，立即把朱元璋的衣服换下来，自己穿上，站在船头吸引张定边的注意力，同时派二十个人驾着一艘小船护着朱元璋赶紧逃命。张定边此时像一匹饿狼，誓要生擒朱元璋，指挥二十多艘船把朱元璋的帅舰团团围住。而在阵后旗舰瞭望台上观察战局的陈友谅见困住了朱元璋的帅舰兴奋不已，传令所有战舰全线出击，把徐达统率的舰队拖住，为张定边争取时间。

徐达此时距离朱元璋太远,只得以令旗传令常遇春前去支援朱元璋。但常遇春离得也不近,没能及时挡住张定边,对方还是杀上了帅船。此时,冒充朱元璋的韩成见朱元璋已经撤远,为了迷惑对手,他穿着朱元璋的衣服,在众目睽睽之下直接跳进了鄱阳湖。

张定边在一片混乱中也顾不得分辨跳船的朱元璋是真是假,立即下令全军高喊朱元璋已死!陈汉军顿时士气大振。朱元璋和徐达的帅船接连被击中,导致全军指挥出现混乱,多位大将相继被杀:张志雄坐舰被围,力战不敌,遂自刎而亡;另外元帅余昶、右元帅陈弼、徐公辅等将领也在混乱中战死。

就在朱元璋军呈现颓势时,一个人的决死冲锋为徐达争取到了时间。他就是在小孤山和傅友德一起归降的原"天完"猛将丁普郎。

他见形势危急,不顾一切地率领自己这一队战舰,径直冲向陈友谅水军大营,想要以命换命。他的决死攻击来势汹汹,立即把陈汉军的所有注意力都吸引了过去,陈友谅的弟弟陈友仁率领水寨内所有兵将倾巢而出,应对丁普郎。结果丁普郎力竭而死,死时头颅被砍下,仍持兵器作战斗状站在船头,陈汉军以为是天神下凡,都惊呆了。不过毕竟寡不敌众,这支船队很快被淹没在火炮、弓箭之中,舰上兵卒也大多战死,丁普郎乘坐的战船起火后撞上陈友谅的巨舰,两艘战船一起燃烧起来。

丁普郎的绝命攻击帮了徐达大忙。陈友谅水寨中起了大火,张定边不知虚实，担心陈友谅安危，加上误以为朱元璋已死，他立即下令全军后退，重整队形，陈汉军的攻势开始变缓。结果撤退的张定边迎面撞上前来支援的常遇春。常遇春已经杀红了眼，令自己的坐舰冲撞张定边坐舰。两舰靠近后，常遇春一箭射中张定边。张定边于是放弃追击朱元璋帅船，掉转船头，撤回自己本阵。常遇春的船也撞进了浅滩，不能动弹。多亏有条被击毁的战船残骸把他的坐舰从浅滩里撞了出来，才得以脱险。

徐达见常遇春已将帅船救下，自己要做的就是赶紧稳住阵脚，恢复指挥。徐达下令重新升起帅旗，让全军向自己靠拢。他下令各队恢复队形，继续按照战前规定动作，一面围绕对手发起攻击，一面脱离混战，重新集结。徐达传令俞通海的炮舰开始掉转船头，发炮掩护全军撤退。一度混乱的战场逐渐恢复了秩序，双方各自向己方水寨集结撤退。

一天激烈的战斗结束，陈友谅这边占据了上风，朱元璋险些身死，多亏韩成关键时刻以身相替，才救了他的性命。徐达、常遇春也都在战斗中遇险，丁普郎、张志雄丢了性命，其他五六位统兵元帅也都战死沙场。

此战后，朱元璋意识到对手水战实力强大，在水面决战实在不是聪明的选择，他决定逼迫对手放弃水军，改到陆地上来跟自己作战。于是他采纳了部下郭兴的建议，决定采用火攻，连夜突袭陈友谅的水寨。恰好陈友谅特意把巨舰连接起来，组成水寨城墙，远处看上去宛如一座座海上的小城。

这给了朱元璋火攻的机会。就在当天夜里东北风起，常遇春架上准备好的小船接近陈友谅的水寨顺风纵火,陈友谅的战舰虽然有铁皮包裹,却架不住大风把火苗吹得到处乱飘,一时间整个水寨火光冲天。本来移动就困难的巨舰根本逃不出来,陈友谅的弟弟陈友贵、陈友仁,平章陈普略都被烧死,他赖以取胜的水军巨舰不复存在。

到此时,朱元璋已经有了彻底击败陈友谅的信心,这时他比较担心的是张士诚是否会趁乱进犯应天,于是他让徐达连夜返回应天,负责防御张士诚。徐达并不贪功,也深知应天重要性,遂毫无怨言地带兵迅速回防应天。

这场决定天下大势的战役,随着鄱阳湖内的这把熊熊烈火,终于来到了最高潮。随后几天丧失了胜算的陈友谅陷入癫狂状态,疯狂屠杀俘虏泄愤,手下见大势已去,而陈友谅又几近疯魔,纷纷弃他而去,投降朱元璋。最后陈友谅在泾江口突围战斗中,被一箭射穿眼睛和脑袋,伤重身死。张定边护着他的儿子陈理,带领残兵,装着陈友谅的尸体,杀出一条血路,突围逃回武昌。

此后,朱元璋在至正二十四年春二月,继续征讨陈友谅残余势力,兵围武昌,张定边和陈理投降,陈汉政权彻底灭亡。这一年四月,朱元璋在南昌、康郎山建立两座神庙,祭祀在这场决定天下大势的战役中战死的诸位将领。

而奉命连夜赶回应天的徐达,已经在为征伐这场天下赌局中最后还留在桌上的张士诚做准备了。

第六章 平定姑苏 剿灭张吴

至正二十四年，朱元璋在应天进位吴王，以徐达为左相国①，正式建立了自己的政权。朱元璋决定一鼓作气，消灭张士诚。

徐达受命出征，先克两淮，剪其羽翼。损失惨重的张士诚集中剩余主力在湖州和徐达展开决战，徐达和常遇春一起统率二十万大军一举歼灭其主力，张士诚退回平江死守不出。

元至正二十六年（1366），徐达领军进围张士诚首府平江，经过一场血战，徐达攻克平江，平定姑苏，为吴政权再立大功。

第一节 勋臣魁首 进位左相

至正二十四年正月，李善长等联名所有文武官员向刚刚在鄱

---

① 后改右相国为左丞相，左相国为右丞相。洪武十三年罢丞相。

阳湖大破陈友谅、彻底消灭陈汉的朱元璋上表劝进。

朱元璋在拒绝之后，即吴王位。难道朱元璋真的愿意屈居韩林儿之下，当个吴王吗？当然不是，朱元璋的真意，那就是没有完全赢得天下、有十足的把握前，不会称帝。

当上吴王后，朱元璋建立自己的政府，根据手下文武官员的功劳和能力进行封官。徐达在众多武将之中，功劳毫无争议居于第一，而且又对朱元璋有过舍身相救之恩，自然得封高位，他被朱元璋任命为左相国。

朱元璋称王之后，徐达地位已经无可动摇。徐达自身也在不断成长，从最早跟随朱元璋投靠郭子兴时，能够在危难时刻舍身相替，解救朱元璋的亲兵义士，到攻打集庆时统领一队兵马的翼元帅；从统兵常州时，从容应对被围险境的将军，到横扫龙湾，大破陈友谅的功臣；从池州、安庆率领几万人，到鄱阳湖上，统率指挥十多万水师。徐达在朱元璋身边，已经成长为一代名将。

此刻，他将又一次面对独当一面的大考验——统兵剿灭张士诚。

至正二十四年上半年，徐达开始带兵清剿陈友谅的残余势力。回来的路上，朱元璋带着徐达去了一趟洪都，解决一个隐患——洪都之战的大功臣、朱元璋的侄子朱文正，他因对朱元璋的封赏不满，欲投靠张士诚，后被朱元璋发现，关进了桐城监狱中。

张士诚眼见陈友谅为朱元璋攻灭，知道朱元璋的下一个目标就是自己，他决定先下手为强，趁着徐达、常遇春带着朱元璋的主力还在西线，打算集中兵力先攻下长兴，这样可以把整个太湖纳入自己控制范围，以后无论向哪个方向行动，都可以利用太湖水运输送军资，对自己较为有利。

这一次张士诚可谓倾其所有：让心腹大将李伯升统率二十万人马进攻宜兴。但是这番攻势还没轮到徐达出马，刚刚接替朱文正执掌五军都督府的李文忠，趁着大雾天气亲自率领少量骑兵和援军里应外合，大破李伯升。随即大军追杀数十里，斩杀万人。张士诚此战后彻底放弃了消灭朱元璋的打算，战略上转为全线防御。

至正二十五年（1365）十月，朱元璋把徐达、常遇春这对老搭档召进吴王府，共同研究对张士诚的作战计划。

自张士诚投靠元廷，并派吕珍攻击安丰后，其势力在名义上已经归属大元帝国。随着陈友谅覆灭，大元帝国依然需要张士诚来制衡朱元璋，所以一旦徐达、常遇春率军向张士诚发起攻击，仍然驻扎在河南一带，原属察罕帖木儿的精锐部队，很有可能支援张士诚。

察罕帖木儿的后继者是扩廓帖木儿。他本名叫王保保，自幼跟随舅父和养父察罕帖木儿南征北战，立下无数汗马功劳，被元顺帝赐名扩廓帖木儿。察罕帖木儿被田丰、王士诚诱杀之后，扩廓帖木儿就在军中继承其养父的位子，率兵继续围攻益都，运用地道，从地下穿过城墙，活捉田丰、王士诚，将二人凌迟处死，报了杀父之仇。

徐达通过分析自己这两年收集到的情报，向朱元璋详细介绍了此人的用兵特点。徐达认为他与察罕帖木儿用兵的本领不相上下，而且颇具战略眼光。扩廓帖木儿意识到朱元璋势力是最大的威胁，必须铲除，主张元朝廷联合张士诚，共同遏制朱元璋。

不过扩廓帖木儿也有一个致命的弱点，那就是和察罕帖木儿相比，他资历太浅，还不到二十岁，被视为"孺子"，因此人称"小总兵"，在军中不能服众。虽然元顺帝已经明诏天下，让扩廓帖木儿统领天下兵马，准备南下攻击朱元璋，但是根本没有人听他的将令。

比如原来和察罕帖木儿一同起兵、现在割据关中的李思齐就明确表示不听指挥。理由很简单，李思齐是扩廓帖木儿的叔辈，他自然不肯接受扩廓帖木儿的指挥。果然后来在扩廓帖木儿试图按照元顺帝诏书调动李思齐部出潼关时，李思齐大骂他：我和你父亲交往时，你还是个乳臭未干的孩子，如今怎敢给我发檄文、下指令？

徐达根据这个情报判断，元军各部缺乏统一指挥，无力大规模南下，且扩廓帖木儿虽然能力强，但是不能服众，很有可能会和元朝廷内的其他势力产生争执。一旦北方元廷各地势力相互倾轧，必然无暇顾及朱元璋的行动，这就是攻打张士诚的最好机会。

经历了之前的失败后，张士诚的总兵力还有二十多万人。而两淮、浙西是当时富庶的产粮大区，人口密度相对也高，所以扩军、备战都不是难事，徐达预测，如果开战，张士诚可以集结三十万人马。但张士诚的部队没有陈汉军的那股狠劲，军队战斗力不强,其最精锐的"十条龙"重装步兵已经扩编至四万人左右,但战斗力还是不及陈友谅的皂旗军。

由于地处农耕区域,张士诚部还缺乏马匹,先前李文忠破敌时,凭借的就是重骑兵强大的冲击力,现在徐达麾下的重骑兵已经扩充至两万人,由傅友德统率,在陆地上击败张士诚毫无问题。不过张士诚也不是一无是处,他的部将善于守城,特别是有一支火枪部队,能给冲击城池的己方士兵造成不小的麻烦,需要小心应对。

水战方面,张士诚的水军本来就不如朱元璋,现在朱元璋又收编了陈友谅的巨舰,张士诚更不是对手,其水军无论是在太湖还是在长江,都无力保障水路的安全。徐达认为可以凭借俞通海、廖永忠的水师,随时切断张士诚各部的联络,这是朱元璋一方最大的一个优势。张士诚的军队大致被分为浙西、淮东、淮西三个主力集团:

浙西方面为张士诚主力所在。其总兵力约十万人,部署在以首府平江为核心的浙西地带,重点布防为湖州三万人,平江四万人,联系淮东通州、泰州的各有一万余人,分别由严再兴、夏思忠指挥,其中重点守备泰州。杭州等地有一万人左右,还有一支水军在太湖游弋作为策应。这一带张士诚已经经营十多年,城防坚固,联系紧密,相互支援迅速。

淮东方面张士诚重点布防高邮、淮安两个重要据点,各有三万人马。其中淮安守将梅思祖曾在刘福通麾下效力,因为父亲被扩廓帖木儿所杀,后投奔张士诚。张士诚任命他为中书左丞,对他委以守护淮安的重任。高邮是张士诚老家，负责防守这里的是张士诚的心腹大将俞同金，此人智勇兼备，需要小心应付。

淮西方面的濠州、徐州、宿州是张士诚新夺取的地盘，又跟朱元璋有着千丝万缕的联系：朱元璋、徐达就是从这里走出来的，对这里的情况再熟悉不过，如今这些地方兵力虽然有三四万人，但部署分散，且多为新募之兵，战斗力最弱。

徐达经过仔细思考，认为此战必须速战速决，如果久战不下，陷入僵持，一旦北方的扩廓帖木儿在此期间整合军队挥师南下，自己很有可能腹背受敌、陷于被动。

徐达决定：先平两淮，再攻浙西。因为张士诚在浙西方向守备完整，可两淮方向除了高邮一城守备严密外，其他诸地多为新近归附，人心不稳，编制混乱，便于夺取。张士诚势力在地理上最大的弱点在两淮和浙西的联络要点——属于扬州路的泰州、通州一带。这两座城靠近长江，便于自己发挥水军优势，只要控制这里，张士诚的势力范围就被砍成两段，再集中兵力攻下高邮，其余两淮地盘可不战自破。先夺取两淮，既可以在战略上将扩廓帖木儿和张士诚完全隔开，彼此不能相互支援，又可以削弱张士诚的势力，还夺回了自己和朱元璋的老家，一举三得。

第二节　商定大计　出兵淮东

至正二十五年（1365）冬十月，朱元璋以徐达为主帅、常遇春为副帅率五万大军并廖永忠、康茂才三万水军，以傅友德一万精锐骑兵为先锋，攻向泰州、通州方向。

徐达第一个攻击目标不是泰州，而是由长江经过通州抢占海安坝。海安坝是元代运河的重要枢纽，将泰州与通州自东向西连在一起。徐达让常遇春亲自率军抢占这个战役要点，将通州、泰州隔开，顺利完成第一步战役布局。为了便于自己发挥水军优势，徐达下令疏浚运河河道，方便己方巨舰开动。

张士诚深知泰州的重要性，但是耿炳文据守的长兴、汤和负责防御的常州距离张士诚的首府平江太近，加上之前李伯升在宜兴被李文忠痛击损失不小，不敢轻易出动驻守地的主力。他只能临时组织起浙西、淮东两地的预备队，准备南北对进，解泰州之围。浙西方面，张士诚派元帅王成紧急召集太湖以北诸军，试图在通州阻截徐达，但被常遇春、廖永忠在海安坝轻易击败；淮东方面，张士诚又急匆匆协调高邮方向李院判率两万人马南下支援泰州，又被常遇春、傅友德的精锐重骑兵阻击，未能如愿。

张士诚南北对进，解泰州之围的战役企图，因为兵力集结太过匆忙，徐达没费吹灰之力就将其挫败。闰十月，泰州被徐达军主力围住。城内兵力有限，粮草不多，眼见两路援军都被击退，而出城交战也不是徐达的对手，加上先锋傅友德宣传徐达善待降将、善待百姓，泰州守将严再兴开城投降，这个联系两淮、浙西张士诚地盘的重要中枢据点被徐达夺下。鉴于麾下吕珍、李伯升等大将都曾败于徐达之手，斗志颓靡，张士诚决定启用新人徐义与徐达较量。徐义试图以坚守城池消耗徐达大军的战力，然后再伺机发起反扑。于是徐义把自己的部队集结在太仓一带,却不敢再继续前进。张士诚见徐义按兵不动,心中虽急,但也无可奈何,只得另派大将攻击宜兴,准备突破朱元璋的东南防线,围魏救赵。

战场焦点来到宜兴。这里本是朱元璋在太湖西岸的重要据点,十一月,张士诚再度派出五太子率领的"十条龙"精兵一万为基干,加上新招募兵马二万多人,配合太湖水师一万人,总计约四万人马攻向宜兴。由于此地的将领和重兵都被徐达抽调去围攻泰州、通州,结果宜兴被张士诚一举夺下。

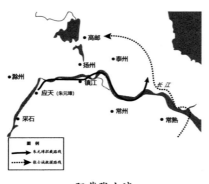

阻截张士诚

多年未能跨过的太湖,终于被自己跨过去了,张士诚十分兴奋,决定以攻对攻:既然朱元璋要切断我方淮东、浙西,那我方就倾全力打破朱元璋江阴、常州一线,而后进攻镇江、应天,让朱元璋"后院起火"。

朱元璋得知宜兴失守,也不敢怠慢,命徐达、傅友德率两万铁骑回师宜兴,派常遇春、孙兴祖、廖永忠率水军三万屯兵海安坝阻断张士诚部北援淮东的通道,派另一位大将冯胜统率五万人马,进围高邮。

徐达、傅友德率领两万骑兵连夜渡江,赶往宜兴。出于安全考虑，徐达特意先将部队在扬州集结，水运渡江至镇江，避开了准备倾全力攻击江阴的张士诚。接下来，徐达又没有按照一般的思路，即经过汤和镇守的常州，从北面攻击宜兴，他反而转道向西，经过金坛、溧阳，由西面突然杀到宜兴城下。五太子是徐达手下败将，他本以为徐达此时正在围攻高邮，没想到这么快就带着铁骑出现在自己面前。宜兴的城防工事刚刚被自己彻底摧毁，他不敢在平地上和徐达、傅友德的重骑兵对敌，只得将精锐三万余人撤至太湖，转到平江去了。留下的一万多新军，很快被徐达击溃，宜兴被徐达夺回。

张士诚见徐达在自己地盘来去自如，徐义却还在太仓一带按兵不动，再也按捺不住了。他命令徐义立刻出动应战徐达。徐义本来想招募山东红巾军旧部，再联络扩廓帖木儿一同进攻，现在也不能再等，遂率领刚刚征集的五万新兵，经海路前往淮安。

至正二十六年（1366）正月，张士诚决定亲自上阵，集结全部水军主力佯攻江阴，钳制徐达，迟滞其返回高邮前线的速度。江阴方向的水军将领康茂才立即向朱元璋告急，称张士诚已经集结了四百艘战舰在江阴附近，随时准备攻击江阴，甚至已经威胁镇江、应天。

朱元璋技高一筹，他得到康茂才报告，与一众文武大臣分析商讨，认为张士诚此行只是虚张声势，迫使自己分兵应对，不能全力攻击高邮。朱元璋此时已经得知徐义率部从太仓启程，奔淮安而去，他立即判断出，徐义部一定会增援高邮，高邮之战将是双方在淮东的战略决战，他立刻通知徐达，徐义可能经射阳湖、瓢子角、宝应三条道路赶来增援，让徐达立即返回高邮军中主持大局。

朱元璋这么急着把徐达调回是有原因的。之前在军中主持大局的冯胜自信轻敌，中了高邮守将俞同金的诈降之计，二者约好以推倒城内女墙（建在城墙内外沿上的薄挡墙）为号，里应外合，献城投降。冯胜对此深信不疑，派部下康泰率五百人接应。俞同金推倒城墙，放康泰这五百人进来，之后突然关闭城门，伏兵尽出，把这五百人尽数杀死，朱元璋由此丧失了先机。朱元璋把冯胜召回，打了一百军棍，罚他步行回到高邮城外军前继续效力。要知，当年脱脱百万大军都奈何不得的高邮城，不是短时间内可以攻下来的，所以从朱元璋到各级将士都急盼徐达返回高邮前线重掌大局。

江阴的江面被张士诚水军封锁，双方相持至三月，徐达回到高邮前线，重新掌握指挥权。此时，徐义在山东南部又收罗了近四万红巾军残部，加上他新募集的五万兵马和在淮安集结的梅思祖的三万多人，已有了十几万人马。徐达此时兵力不过五万，既要包围高邮消灭三万敌军，又要防范徐义、梅思祖十多万人马分兵前来支援，还要注意泰州被张士诚攻破，断了后路，形势于他十分不利。

几番思考后，徐达决定先集中兵力攻克高邮，为此他向朱元璋请求增兵三万。朱元璋立即答应，并让被罚步行返回高邮的冯胜带着军队前往听令。高邮城里原本有三万人马，之前宋院判南下增援泰州时已经带走了两万多人，俞同金带着剩下的一万人马和冯胜、徐达对垒了四个多月，城内粮食将尽。

四月，各项攻城准备完毕的徐达，命令之前中计的冯胜带着三万生力军为先锋，大举攻城。冯胜架起襄阳炮，又有水师巨舰火炮的支援，他效仿陈友谅的战法，让战舰贴近城墙，一举登上高邮城楼。冯胜先登城墙死战，亲手杀死了俞同佥。徐达催动部队，从几个方向同时向高邮发起猛攻。守城主将阵前身亡，其余将士并无斗志，加之久闻徐达善待俘虏，剩余的千余人遂放下武器投降。没有被脱脱百万大军攻破的高邮城，被徐达围攻数月后一举拿下。

张士诚见高邮失守，心知朱元璋、徐达已识破自己的缓兵之计，他决定把围困江阴的水师全部调往通州、海安坝方向，发起最后一次冲击，企图冲破常遇春的阻击，夺回泰州，再和徐义南北夹击，收复高邮。不料，张士诚却在海安坝遭孙兴祖誓死阻击，擒张士诚将士二百余人，孙兴祖后又一鼓作气拿下通州，张士诚这才彻底死心，下令全力死守浙西。

此时，张士诚已经彻底放弃淮东，但徐义却利用这几个月的时间发展壮大起来，他把步兵主力集结在兴化一线，水军随时准备由射阳湖、瓠子角一线侧击高邮。徐义本来的想法是高邮若能坚持数月，等春夏涨水的时候，利用汛期，从高邮以东的兴化方向突袭徐达，那时徐达必然面临侧水侧敌的不利境地，难以应对他的进攻。不过徐义想得虽然好，却没有徐达动作快。眼看高邮失守，徐义顿时没了战意，便把水师撤退到淮安以东的马骡港附近，利用夺淮入海的黄河和淮安梅思祖保持联系。

此时梅思祖和徐义并不和谐，本来张士诚没有规定谁是淮东最高统帅，梅思祖在淮安一带驻防了一两年，他自诩是张士诚最为倚重的大将，梅思祖对徐义手握重兵却避战自保的行为深感不满，表面上马骡港和淮安成掎角之势，实际上两方各怀心思。

四月中旬，徐达见敌军已经后退，又探知了敌军的内情，决定再来一个声东击西——他让刚刚从海安坝赶过来增援自己的常遇春带领冯胜等八万人马攻击淮安，吸引张士诚的注意力，自己带上傅友德并两万重骑兵，从宝应直扑马骡港徐义部。

徐达、傅友德夜间到达，不做休整，连夜发动突袭。徐义的八九万人，本来就是一群新招募的游兵散勇，加上他以为徐达正忙着攻击淮安，没想到突然出现在自己面前，全军毫无防备。在徐达、傅友德的铁骑突袭下，全军崩溃，徐义从海路逃跑。张士诚在淮北的最后一个大兵团，被徐达轻易消灭。

此战之后，张士诚再也没有翻盘的本钱。徐达在消灭徐义部之后率军和常遇春会师，开始围攻淮安。

第三节　平定两淮　再议东征

至正二十六年夏四月，徐达兵临淮安城下，梅思祖见大势已去，未做抵抗，封存府库，整理甲兵，带兵出降，同时献上自己所管辖的泗州、徐州、宿州、邳州四州之地。张士诚在平江得到消息，杀其兄弟数人泄愤。

徐达回师攻克兴化，张士诚与两淮诸州的联系被彻底斩断，随后徐达率大军转进濠州、安丰。濠州是朱元璋和徐达的家乡，被张士诚部将李济占据。本来淮东各州都已投降，朱元璋以为濠州城守军不可能再守，遂派李善长给李济写信劝降。没想到在这种情况下，李济竟然还不投降。朱元璋愤怒地说："濠州吾家乡，今为张士诚窃据，是吾有国而无家也！"负责攻城的韩政随后架起火炮、云梯四面攻城。李济这才开城投降。

朱元璋终于可以荣归故里，衣锦还乡。他立马从应天启程，赶回濠州老家，大宴父老乡亲，与他们谈笑风生。面对几十年战乱后留下来的故人们，朱元璋感慨万千，颇有当年汉高祖衣锦还乡的感觉。

朱元璋在濠州会故友、开宴会，而此时的徐达却没那么轻松。

张士诚已经以大元帝国吴王的身份向驻军开封的太尉扩廓帖木儿求援，请他派兵支援自己，打击朱元璋。扩廓帖木儿也担心两淮之地尽属朱元璋后，自己面临的战略态势会彻底恶化，又探听到朱元璋人在濠州，于是他派山东红巾军降将李二率领本部数万降兵，自开封顺黄河东下①奔袭徐州。此时，徐达的注意力在安丰，他准备从怀远西进，攻击据守在此的元将忻都。现在他既要对付忻都，又要提防扩廓帖木儿，还要注意保护在濠州的朱元璋不被元军偷袭。

徐达调兵遣将，分散对敌。首先他自己亲率四万人马按照既

---

① 元时黄河"夺淮入海"，经过开封、杞县、睢阳、徐州、淮安入海。

定计划向西攻击安丰元将忻都；派傅友德率领两千铁骑，前往徐州守备；安排此时旧伤复发的常遇春指挥三万人马留守怀远，屏护濠州；安排将功折罪的冯胜率兵两万去濠州警戒，严防扩廓帖木儿的骑兵突袭。

经过这几年厮杀，徐达指挥大兵团作战已经驾轻就熟，以常遇春为首的一批名将都能够和他默契配合，不断获胜。所以清人郑观应在《储将才论》中就把徐达与韩信等人并列，归为"大将"一类。①徐达大军突进，迅速拿下安丰，忻都败走。傅友德面对的是强敌，他打得最为精彩。先是亲自横槊冲阵，打败了李二的先锋将韩乙；而后伏兵城外，等待李二大部赶到时，击鼓为号，内外夹击，大破李二部。傅友德一路追杀，生擒李二，夺下此战首功。

徐达南北两个战场接连告捷，两淮尽入朱元璋手中。留下部分兵力守备之后，朱元璋带上徐达、常遇春，返回应天商讨下一步作战计划。

至正二十六年八月，朱元璋决定扩建一下自己的房子——重新修建应天宫殿——为称帝做准备。中秋节这一天，朱元璋在吴王府里宴请中书省的两位丞相李善长、徐达，同时召来常遇春、李文忠等人共同商讨下一步平定东南事宜。

首先发言的是李善长，他向朱元璋建议暂缓攻击张士诚。理由很简单，自至正十六年渡江攻占集庆以来，朱元璋已经和各方

---

① 《储将才论》：古之所谓将才者，曰儒将、曰大将、曰才将、曰战将……韩信、冯异、王猛、贺若弼、李靖、郭子仪、曹彬、徐达等，大将也。

势力交战将近十年，基本没有一年是可以休养生息的，辖区内存粮所剩无几。张士诚在平江困守，据说精兵还有十万，粮食还可支持一年，非可速战而决。李善长认为应当休养一两年，而且张士诚困守浙西，是笼中困兽，无法逃脱。

没想到平日里和颜善目的徐达突然站出来，以中书省左丞相的身份反对李善长的提议：

> 张氏汰而苛，大将李伯升辈徒拥子女玉帛，易与耳。用事者，黄、蔡、叶三参军，书生不知大计。臣奉主上威德，以大军蠶之，三吴可计日定。

这是徐达载入史册的一番精辟论断。在元末群雄中张士诚是和徐达交手最多，胜绩最少的一个，徐达认为张士诚不善用人。张士诚麾下大将李伯升等人长时间安于享乐，一心想着美女、钱财，从根本上已经腐化，根本不是朱元璋麾下以徐达、常遇春为首的猛将们的对手。徐达这段话里提到的黄、蔡、叶三参军指的是张士诚幕府中的三位儒生：黄敬夫、蔡彦文、叶德新。他们的地位和朱元璋手下李善长、汪广洋、刘基差不多，但是政治眼光和能力不可相提并论，最好的体现就是他们三人没有给张士诚提出一个行之有效的战略规划。所以徐达认为必须要一鼓作气攻灭张士诚，而且对张士诚的征讨胜算极高。不过徐达也提出了攻打张士诚的关键点，必须用大军发起进攻，即所谓"大军蠶之"，则克敌"可计日定"。

朱元璋听完很高兴，决定就照徐达说的办，让他再次挂帅出征。

当然，照例出征之前，徐达、常遇春以及其他高级将领还是要继续和朱元璋讨论作战方略。

当时浙西地区，双方态势自前一年开战之后没有发生大的变化。但张士诚已经开始新一轮募兵，湖州方向兵力已扩充至五万，平江方向也已扩充至八万，其余杭州、绍兴、嘉兴等地兵力各在二万左右。再加上其余零星各部，张士诚的总兵力接近二十万。

这种情况下该怎么打呢？常遇春首先发言，他认为应该以常州、江阴为集结地，背靠长江水运，从北面直扑平江，只要拿下张士诚的首府，其他地方就会不战而投降。为了说明自己的这套方案可行，他还特意打了连个比方："逐枭者必覆其巢，去鼠者必熏其穴。"

常遇春的战法是非常直接的，也是摆在明面上的。因为常州、江阴、长兴已经被徐达、汤和、耿炳文等人经营了十多年，非常适合作为后方基地。常州至平江也一路无险可守，这样看来大军直发平江城下将如履平地。

但是这样一来就好比捅了马蜂窝，张士诚在湖州、嘉兴、杭州的部队必然拼命赶来支援，如此一来，双方将在平江城下形成持久的对耗之势。朱元璋认为不如先攻湖州，拿下湖州就可以配合常州从两面包围平江，断绝外援，彻底困死张士诚。而且与攻城战相比，徐达、常遇春一干悍将在野战对张士诚麾下的任何将领都有绝对优势，损失必然会比攻城小。

最后朱元璋单独留下徐达、常遇春，向两人介绍了一个秘密情况。降将熊天瑞是个可以利用的点。他志大才疏，甚至曾在旗上署字"无敌"。可是此人并无过人之处，当初被常遇春围在赣州城内五个月才投降，而归降朱元璋后，又未得大用，一直快快不快。

此番出征，朱元璋决定将计就计，因为常遇春已经说过要直捣平江，如果把这个错误的消息透露给熊天瑞，朱元璋判断他一定会叛逃到张士诚一方。只要他将朱元璋军将直捣平江的错误情报传达过去，张士诚必然不敢在湖州投入全力。如此一来，徐达必能率兵攻克湖州，到那时大局已定。看到朱元璋已经为决战安排了这样一支暗箭，徐达、常遇春更加有信心，面对手下败将张士诚，此战一定能速战速决。

八月下旬，朱元璋拜徐达为大将军，常遇春为副将军，二人一起统领水陆共计二十万大军，讨伐张士诚，拉开了东南决战的序幕。

第四节　兵围平江　决战决胜

至正二十六年八月，徐达、常遇春统率二十万水陆大军，开始了对大元帝国吴王张士诚的决战。

此番出征，徐达不再自己专顾某一方面，而是需要坐镇中军，统筹全军，掌控整个战场。湖州战场地域有限，不可能把二十万大军放在这样一个狭小地域，和对方拼消耗，而是要多方牵制对手，自己再率奇兵一举突入湖州，四方照应。为此，徐达令李文忠率军两万攻击杭州，牵制张士诚部将潘元明；华云龙率军一万进攻嘉兴，牵制张士诚部将徐义；汤和、顾成率三万人马从常州、无锡方向，逼近平江北面，吸引张士诚主力。

徐达统率十万大军，以常遇春两万重骑兵为先锋，直驱湖州；另以长兴守将耿炳文部配属四万人马，确保后方补给线和集结点长兴之安全，同时作为全军预备队，以防万一；水军方面，他派康茂才、廖永忠率三万水师，由长江经运河入太湖，配合主力隔断湖州与外界的联系。

部署停当后，徐达故意在出发前的誓师大会上，当着包括熊天瑞在内的所有高级将领的面提出作战目标：此次作战，已经决心按照常遇春之计，直捣平江，一举荡平张士诚。

果然出发后不久，熊天瑞就带着自己的五千人马投奔张士诚。朱元璋、徐达、常遇春得知消息后，便知这场仗已经赢下一半了：湖州变得易攻，平江失守也是迟早之事。

围击平江

不过还没开打，就有人前来投降，熊天瑞的到来确实让屡战屡败的张士诚为之振奋。他根据熊天瑞带来的朱元璋此番进军的战略部署情报，决心固守平江，凭借自己充足的粮草和对方消耗到底。为此他还特意调整了布防：抽出原来守在湖州驻防的李伯升部三万精锐，前来平江支援；另调右丞张天骐率军前往湖州换防；同时派弟弟张士信率领水军驻扎太湖内小岛洞庭山，方便同时支援和掩护湖州、平江，夺取太湖水面控制权。

徐达得知张士诚军如此部署，大喜过望，立即率领主力十万大军和三万水军，按照原定计划直扑湖州。

常遇春的两万重骑兵早已集结在宜兴一带。得到前进命令之后，他立即派部将王弼和蓝玉率五千精锐骑兵，直扑湖州。

本来张士诚部下两位指挥使尹义、陈旺在湖州外围部署了一万人马，作为前哨阵地已经十分坚固。结果碰上王弼、蓝玉这两个将星下凡，不到一天工夫就被打得全军崩溃，两位将领也被生擒。接着，这两位悍将继续率军一路猛攻，冲到洞庭山附近，击败张士信部下的石清、汪海的部队，生擒两位将领，原本负担重要任务的张士信立刻遁逃，洞庭山也被随后赶到的康茂才水师一举攻下。

常遇春麾下先锋，只用了两天时间就连破四寨，擒获四将，决战刚拉开序幕，张士诚的一支军队就被打得七零八落。

刚换防湖州的张天骐根本不敢出战，下令全军死守各处要隘，等待打探清楚徐达的具体动向后再说。因为按照之前熊天瑞的说法，徐达此番用兵一定会长驱直入攻向平江，那么对湖州的攻势再猛也不过是防止湖州支援平江，只需要防守好，放徐达绕过去，自己就可以和平江张士诚一起夹击徐达。

可惜，上当的最终是张天骐自己。就在他犹豫不决的这几天，常遇春配合康茂才水师彻底攻占太湖中的洞庭山，太湖彻底被朱元璋所控制。湖州已经彻底暴露在徐达大军面前。随后徐达率十万主力大军抵达湖州城西三里桥。张天骐这才反应过来，徐达这是要先攻克湖州，再去平江。他立即派出军士探察，得知此时徐达十万大军还没有完全到齐：后续部队五万多人还在宜兴一带等待粮草，耿炳文的四万人马还没有集结完毕，真正投入前线的也不过常遇春的两万先锋和徐达自己统率的三万人马，加上康茂才的三万水师。

既然如此，张天骐决心不坐以待毙，他率领五万人马出城迎战徐达。为了应对徐达的兵力优势，张天骐决定分兵三路迎战，以南路黄宝、中路陶子宝两将各率五千人马吸引徐达来攻，自己集中三万主力于北路，准备绕击徐达左翼，将徐达主力和在太湖的康茂才水师隔开，便于作战，最后留下唐杰统率一万人接应全军。

应该说，这个安排还是比较合理的，只可惜他遇到的是徐达。徐达之所以不等部队集结完毕就立即攻向湖州，一方面是十几万大军的给养难以仅仅依靠长兴一地供给，另一方面就是希望通过示弱，让湖州守军放手一搏，出城野战。

果然，张天骐上当了。

八月甲戌日，两军在三里桥展开大战。刚开战，徐达就主动后撤，吸引张天骐脱离三里桥，准备以王国宝统率的一万新练成的长枪军为奇兵，隔断张天骐的后路。张天骐也很谨慎，不敢随便脱离阵地，向前推进一段后，又马上缩回阵地，试图用大量装备火枪的步兵，依托既有阵地，抵抗徐达的骑兵冲锋。双方你进我退，来回几个回合，徐达摸清了对方的情况，下令全军分三路发起攻击：王弼率五千突击队佯攻张天骐的北路军，自己率中军两万攻击其中军陶子宝五千人马，常遇春率一万五千铁甲重骑兵，攻击黄宝南路军，王国宝一万长矛军从南翼迂回，攻击守在三里桥的敌军预备队唐杰部。

部署停当，徐达中军阵中响起三声号炮，三路人马向张天骐冲去。

常遇春直冲南路军黄宝，黄宝本来兵力就不多，很快被常遇春的重骑兵冲散。黄宝掉头就向湖州城内逃去，结果又被绕到其后方的长枪军切断三里桥，挡住退路。眼见无路可逃，黄宝又转身杀向常遇春，准备拼命，却不是常遇春的对手，直接被生擒活捉。王弼五千人马佯攻北路军张天骐，徐达亲自迎战中路军陶子宝。双方还未接战，张、陶二人得知黄宝兵败被擒，立即收兵撤退，缩回城内，继续坚守。

徐达并没有按照张士诚的设想，绕过湖州，继续进攻平江，反而在湖州城外四周安营扎寨，建立起完整的围城工事。

张士诚如梦初醒，发现情况不对：徐达的主力都压到湖州一线去了，平江这边汤和兵力并不多。此时，张士诚如果集中兵力先打破汤和在北面的佯攻部队，再挥师向西南方向去救湖州，似乎更有把握一些。不过鉴于汤和、顾成在常州、江阴的防御表现，张士诚这边所有的高级将领都觉得没有把握能够迅速打败这支佯攻部队。

一番讨论后，张士诚决定倾其所有，救援湖州。首先张士诚派二号人物李伯升从平江率军一万，押送一批粮食军需由太湖口潜入湖州，支援张天骐。之后，张士诚派出麾下宿将吕珍、朱暹和"十条龙"统帅五太子，带着包括"十条龙"在内的六万精锐部队，从平江出发，全力驰援湖州。按照张士诚设想，这两支军马将在湖州城外里应外合，打破徐达的围攻。最后，张士诚还派人前往扩廓帖木儿处求援，请他率领汴梁的二十万大军攻打两淮，剿灭现在最大的逆贼朱元璋。

　　这一串计划开始进行得十分顺利。李伯升在湖州坚守十多年，对太湖、湖州的情况极为熟悉，他利用夜间潮汐，迅速进入太湖，所携带物资也全部运入湖州，张天骐得到援军，士气大振。

　　徐达第二天中午才得到消息，对此大为不满，要求水师统帅康茂才，将从陈友谅处俘获的三百艘巨舰，每二十艘连成一体，并在船前设置五米长的铁钩，防御敌人火攻。这十五座太湖上的巨型移动城堡，五座为一组，分三班轮换，彻底堵死港口，不让任何物资再经过太湖水路进入湖州。

　　徐达同时得知吕珍、朱暹、五太子率领六万精锐已经从平江出发赶来支援。他立即派出数十队侦察骑兵，不间断地侦察，同时加快修筑四面的营垒，堵截湖州守军所有的出城道路。

　　吕珍、朱暹、五太子都是徐达手下败将，深知徐达战法莫测，而且自己非常遇春等人之敌，不敢正面和徐达对抗，三人一商量，决心等徐达强攻湖州不下，伤亡惨重，或者至少和湖州守军两败俱之时再出击。于是这六万人马走到湖州以东的旧馆就停下来不前进了，改为在旧馆扎营固守，为了防御徐达骑兵冲击，他们光拒马鹿砦就修了五层。

徐达一开始准备像高邮之战那样，先强攻下湖州，再逐一消灭援军。结果李伯升、张天骐在城墙上用火枪居高临下对准攻城部队一顿猛射，攻城部队损失不小。徐达见状急忙叫停了攻势，改为继续围困。

此时徐达和常遇春想出了一个新的对策：吕珍、朱暹、五太子的六万人马屯兵旧馆观望战局，这种消极的战法给了徐达围歼他们的机会。徐达派常遇春率两万精锐骑兵并三万步兵，绕到旧馆以东的东阡镇姑嫂桥一带构筑新的防御工事，不仅将这六万人包围，而且把他们的退路和粮道也切断了。

吕珍、朱暹、五太子本来是救援湖州的，结果自己反倒被包围了。张士诚彻底慌乱，亲自动员部队，给被徐达困在旧馆的六万主力解围。为此张士诚决定放弃调潘元绍部三万人马从乌镇方向增援旧馆的吕珍等将。他把自己最后的一万"赤龙船"亲兵也拿出来，交给弟弟张士信统帅，试图攻击东阡镇，为旧馆大军解围。

战役到了最关键的时刻。徐达下令长兴耿炳文所部四万人的预备队立即前往湖州，接替徐达围困湖州城。徐达以八万人马围住旧馆方向张士诚六万主力，常遇春率两万重甲骑兵为机动部队，随时准备迎击张士诚的其他援军。徐达又从康茂才的三万水师，抽调两万人上岸穿甲，交给薛显指挥，作为最后的预备队，另外一万水师坚决切断水路运输，并保障徐达主力的退路。

此外，徐达传令李文忠先攻下杭州，后立即尾随潘元绍前来湖州支援，同时调动江西一带廖永忠部攻击德清，为自己打通另外一条退路，以备不时之需；再传令汤和在平江北面发起攻势，牵制张士诚余部。

九月间，两军兵力使用都已经到了极限。徐达这边耿炳文围攻湖州城里的李伯升、张天骐；徐达亲自进攻旧馆的吕珍、朱暹、五太子；常遇春随时盯着张士信的援军；李文忠紧紧跟着潘元绍；就仿佛竞技场上的人盯人防守，一个盯着一个，都不能出现丝毫差错，只要走错一步，就会牵动全局，甚至满盘皆输。

对张士诚而言，他最大的弱点是所有方面的联络都被徐达掐断，四个方向上无法形成合力，同时发起攻击。于是他几次想要派徐义恢复与旧馆和湖州的联络，约定攻击时间，都被徐达识破击退。

徐达也紧张到了极点，经过反复权衡，他认为湖州和旧馆两个方向都不能轻易调动。他决定让常遇春先配合李文忠消灭乌镇，这样自己才可以腾出兵力来打破这个僵局。

但没等徐达动手，张士诚这边的张士信先沉不住气，他和徐义率领"赤龙船"亲兵一万人和潘元绍的三万人马在平望会师后，经水路接近旧馆，并终于和吕珍、朱暹、五太子取得了联系。此时李文忠还未从杭州赶到，徐达手里就只有薛显的两万水师和常遇春的两万骑兵可以调动。常遇春决心发挥骑兵机动性，先奔袭平望，夺取敌人集结地。

徐达认为可行，从围困旧馆的八万人中抽出王国宝的一万长枪军，派往升山方向，作为阻击吕珍、朱暹、五太子和张士信、潘元绍两军会合的最后一支部队。常遇春连夜出发，一日一夜间发挥骑兵机动优势，一举攻下平望，烧掉了张士诚的赤龙舟和潘元绍囤积在此地的大量粮食军械，张士诚为旧馆解围的最后希望破灭了。

十月，双方在湖州、旧馆已经相持两月有余。常遇春攻破平望后，北上追击张士信、徐义、潘元绍主力至乌镇。张士信等人得知平望失守，后退已经不可能，决定不惜一切代价打通前往旧馆的通道，于是率全军不顾背后常遇春骑兵的冲击，全力向阻隔乌镇和旧馆的最后一道防线升山附近攻来。

王国宝率领一万长枪兵和张士信等人的"赤龙舟"亲兵死斗不退，一直战到正午时分，常遇春的骑兵从敌军后方赶到，发起猛攻，"赤龙舟"难以抵挡，平章王晟投降。眼看即将胜利之时，五太子统率三万"十条龙"重步兵乘坐战舰由水路赶来增援。常遇春追击了两天一夜，又血战了半天，已经筋疲力尽，便稍作退却。多亏薛显率领两万水师赶到，立即投入作战。经过一番搏杀，张士诚一方的战船被烧，五太子被击退，张士信、徐义、潘元绍逃走，张士诚最后的精锐全部被击溃。黄昏时分，战事落定，一向自诩天下无双的常遇春对着薛显称赞：今天这一仗你的功劳最大，我自愧不如！

一场血战下来，对峙的僵局终于被打破，旧馆六万大军的粮草和外援都被断绝，吕珍、朱暹、五太子率军投降徐达。徐达刻意带着张士诚最著名的将领吕珍、朱暹、五太子到湖州城下在守军面前经过，城中军心大乱。撑到十一月甲申日，张天骐、李伯升开城投降。

湖州之战，张士诚的底牌全部丧失，十多万大军全部投降徐达，张士诚已经走入末路。此战徐达面对极为复杂的战场环境，从容镇定，指挥得当，最终以较小代价取得了巨大的战果。

现在剩下的就只有平江了。

张士诚眼见主力尽失，依然没有投降的念头，见徐达到了平江城边，他还亲自率军和徐达又战了一番。常遇春麾下骁将王弼，率领铁骑，手持双刀冲阵，大破守军。张士诚的战马受惊，他本人坠入水中，被手下救回平江。徐达指挥大军追击而至平江城下，完成了对平江的包围：

达军葑门，遇春军虎丘，郭兴军娄门，华云龙军胥门，汤和军阊门，王弼军盘门，张温军西门，康茂才军北门，耿炳文军城东北，仇成军城西南，何文辉军城西北，筑长围困之。

但谁也没想到，张士诚在平江城里竟然又苦苦支撑了十个多月，其间城中李伯升等人的劝降、徐达的强攻都没能让他开城投降。到了至正二十七年（1367）九月，徐达摆开架势，从平江所有城门展开最为猛烈的强攻。

随着潘元绍等人开城投降，张士诚只能接受现实，他的妻妾全部自杀，本人被俘后一度绝食，最后拒绝李善长劝降，自缢而死。开战时投降张士诚、传递假消息的熊天瑞被处死，张士诚帐下的三位参军黄敬夫、蔡彦文、叶德新被斩首示众。

就在张士诚被彻底消灭的前一年（1366），红巾军名义上的首领韩林儿在坐船从滁州前往应天的路上溺水而亡。在徐达等一干文臣武将的帮助下，朱元璋历经百战，终于击败其他对手，赢得了一个和大元帝国一争天下的机会。

纵观天下，朱元璋的对手只剩下了大元朝廷，徐达也将率部北伐，实现朱元璋收复中原的历史使命。

第七章 北伐中原 重夺幽燕

至正二十七年,接连消灭陈友谅、张士诚这两个最大对手后,朱元璋实际上已经掌控了大元帝国最富庶的土地,统率着最强大的军队,已经有了与元帝国军队决战的资本。

十月甲子,朱元璋以徐达为征虏大将军,率师北伐,徐达开启了其军事生涯中最为辉煌的时刻。大明军队在徐达指挥下势如破竹,攻取山东,夺占河洛,逼近潼关。

洪武元年(1368),朱元璋与徐达在开封誓师,全军集结渡过黄河,一遂数百年前岳武穆直捣黄龙之志。徐达指挥明军,重夺幽燕,设山海关,并亲书关名"天下第一关"。

第一节 北伐大计 开国动兵

至正二十七年九月,徐达攻克平江,消灭张士诚。就在张士诚被消灭后不到一个月,朱元璋再次召集徐达、常遇春等高级将领,商讨北伐事宜。这次徐达要面对的是一个亘古未解的难题——北伐。

中国历史上名将如云,如果要分一个三六九等的话,徐达一定是超一流。在跟随朱元璋平定陈友谅、张士诚的过程中,徐达骑战、步战、水战、攻城样样精通,才华尽显。此时,徐达需要面对的难题是夺回自五代十国时期丢失的燕云十六州。

燕云十六州也称"幽燕之地",指今天东起唐山,西至大同,包括北京、天津在内的广大区域。燕云十六州地跨燕山山脉,是历代中原王朝抵御北方少数民族入侵的天然屏障,直至公元936年被五代后晋"儿皇帝"石敬瑭献给辽太祖耶律德光。

后来北宋基本完成统一,北伐燕云十六州被提上议事日程。宋太宗赵匡义对辽朝萧太后和大辽名将耶律休哥、耶律斜轸等人的两次北伐均以大败告终。第一次自己坐驴车逃回,第二次赔了大将杨业。

之后,燕云十六州成为大辽南下攻击北宋的基地。公元1127年,金军以此区域为基地,一举攻下汴梁,俘虏徽钦二帝,史称"靖康之耻"。只有康王赵构逃到江南,建立了偏安江南的南宋。建国后,南宋也准备北伐中原,收复失地。绍兴年间,岳飞统率宋军北伐取得巨大成功,在朱仙镇大破金兀术,一度准备"直捣黄龙,与诸君痛饮"。

但是皇帝赵构和宰相秦桧为了彻底控制军队和压制主战派,拒不配合进兵,反而一连发十二道金牌把岳飞召回。这场徐达之前最有希望成功的北伐，以"莫须有"的悲剧告终。之后南宋韩侂胄的北伐，更像是一场闹剧。随后在大元帝国的铁蹄之下，偏安百年的南宋最终灭亡。

现在收复幽燕之地的重任落到徐达身上，此时他已具备了前人不曾有的有利条件。

首先在经济上，此时朱元璋控制的江南地区经过两晋隋唐至两宋的发展，已经成为中国的经济重心。战争还是要以经济实力为基础，应该说早期北伐失败的根本原因就是人口少、经济差、实力不足。但是经历魏晋南北朝几百年的民族融合和中原民众的多次南迁，隋唐以后经济重心早已经由过去的黄河流域转到了长江流域，特别是土地肥沃的长江中下游平原。随着江南人口的不断膨胀和京杭大运河的修建，统一的大一统王朝不能继续在偏处西方的长安建都，而是一步步主动向东迁移，由长安向洛阳，最后到了开封。从五代十国以后，长安就没有再成为统一王朝的首都。大运河和江南的财富造就了北宋首都汴梁。这也可以证明，掌握江南财富实际上成为建立大一统政权的基础。当时中国这些最富裕的地区都在朱元璋的控制之下，也就意味着徐达北伐已经有了充足的物质基础。

其次在政治上，之前历次北伐，无论是桓温、刘裕这样的朝廷实权人物，还是陈庆之、岳飞这样的统兵大将，基本都属于军事指挥员的个人行为。这就导致实际北伐执行者和最高统治者之间会产生矛盾，彼此的诉求很多时候并不统一。比如，岳飞提出北伐，要求直捣黄龙的时候，赵构想的却是以战为资本，和金人议和，自己坐稳皇帝位，秦桧想的又是尽快媾和，保证江南士族的利益不再受到损害。类似这样的矛盾导致南方政权自身陷入不断猜忌和内耗，十分不稳定，而北伐又需要长时间不断的支持，这就导致这些北伐行动都没有成功。但徐达北伐的主持者实际是朱元璋本人，即将诞生的大明王朝内部，此时在北伐问题上也是空前团结。徐达作为朱元璋最信任的将领，享有前所未有的政治支持。

最后在军事上，朱元璋集团经过十多年的搏杀，聚集了那个时代最厉害的战略家、军事家和当时最精锐的武装力量。朱元璋曾经召开御前会议，和麾下的当世名将们分析当时大元帝国的兵力情况，共同研究北伐方案。

在徐达进攻张士诚时，元廷内部又上演了太子和皇帝争权夺利的戏码。原本驻军汴梁、节制河南诸军的名将扩廓帖木儿，为帮助太子争权和进一步收服察罕帖木儿的旧部，已经移驻太原。河南首府汴梁城由其弟脱因帖木儿率军镇守，梁王阿鲁温则率五万人马驻守洛阳。山东方面，在扩廓帖木儿离开后，没有统一指挥。徐达认为可以首先争取沂州守将扬州人王宣，其余诸将兵力不强。且关中、陇右方面被察罕帖木儿荡平之后，一直由李思齐、张思道等人割据占领。徐达认为这些人当年在察罕帖木儿帐下都是平起平坐，彼此之间不能相互协调，反而相互猜忌，不可能齐心对敌。反过来这些人从辈分上看都比扩廓帖木儿大，扩廓帖木儿也难以调动这些人。加上当时四川割据势力明玉珍之子明升尚在，他们的地盘和朱元璋不接壤，矛盾也就不突出。元廷可以直接指挥的数万兵力，集中在大都、开平一带，在辽东、云南也还有几十万部队，徐达认为这些敌人彼此距离遥远，难以相互呼应，且战斗力都不如扩廓帖木儿的部队。

朱元璋对当时北方敌情做了一个总结：山东王宣反复无常，可以争取；河南扩廓帖木儿虽有能力，但常有跋扈之态，无法统御大局；关陇李思齐、张思道相互猜忌，军心涣散；其余诸军不足为惧。既然如此，北伐之战具体要如何打呢？

常遇春首先发言，他认为当时朱元璋麾下的部队都是身经百战的强兵猛将，反观元朝廷自察罕帖木儿死后，数年都没有什么大的战果，加上彼此没有相互统属关系，难以支援。朱元璋这边兵力充足，这种情况下应该直驱元大都，只要势如破竹地拿下元廷中枢，其余的各个地方割据势力不攻自乱，北伐可成。

但是这个方案马上被朱元璋否决了。主要原因是常遇春计划把成功建立在赌博式的乾坤一掷上，设想常遇春一旦在元大都下遭遇坚强抵抗，或久攻不下，或被切断退路、陷入包围，那刚刚得势的朱元璋都会陷入危险。常遇春的这个作战方案明显不符合朱元璋此时的实际情况：朱元璋的实力已经强大到可以自南向北一路稳扎稳打，可使所过之地连点成片，进一步扩大势力范围，不需要冒首尾不能相顾的风险奔袭元大都。

所以朱元璋马上提出了自己的作战方案，他认为北伐需分成三步进行：第一步，主力以徐州为补给基地，进攻山东，因为山东常年战乱，各方割据势力都不强大，攻克这个地区预计不会遭遇太大的阻碍。这一步虽然迈得不大，但却很稳，既可以消除北面元军对徐州和两淮的威胁，又可以为未来突击元大都，建立前进基地（黄河此时经过徐州、泗州入海）。第二步，攻下山东后，主力以济南为基地，全军向西攻击河南，另派偏师从南阳向河南发起佯攻，朱元璋、徐达都认为此时扩廓帖木儿应该会从山西返回河南，到那时，汴梁、洛阳一带将会像百年前岳飞北伐时一样，成为南北双方的决战地。那时，朱元璋可利用运河和黄河两条补给线，保证大军可以依靠源源不断的后援击败困居河南汴梁的扩廓帖木儿。然后，徐达将率大军直扑潼关，利用崤函通道堵住陕西李思齐等人。第三步，徐达大军北上攻击已经孤立无援的元大都，方可确保全胜。稳固幽燕之后，徐达大军再稳步向西攻击，拿下山西、陕西，平定西北。

由此看来，朱元璋的对策明显高明不少。

朱元璋这次北伐的作战计划，就是想凭借自己雄厚的实力，步步为营，稳扎稳打消灭对手，这是"富裕仗"的正确打法，而不是为了追求"一仗定天下"的痛快，去承担哪怕很小的风险。

一向用兵稳健的徐达自然同意朱元璋的方案。于是按照和朱元璋商定的战略计划，徐达确定了基本的作战方针：先取山东、河南，控制潼关，防范关中，而后渡河北上，攻取元大都。

十月甲子日，朱元璋拜徐达为征讨大将军，常遇春为副大将军，统率精锐大军二十五万开始了浩浩荡荡的北伐。十一月前后，徐达、常遇春指挥各路兵马在徐州集结，原来驻守徐州的傅友德重新成为徐达麾下骑兵先锋，开始按照既定计划，对分布在山东地区的原北方红巾军旧部进行侦察和招降工作，他们的第一个目标就是驻防沂州一带的王宣父子。徐达抽调出数万人马开始疏浚徐州至扬州的河道，同时安排水师将领康茂才督运粮草物资。

就在徐达、常遇春率领二十五万大军完成战役集结，整装待发之时，朱元璋还需要解决一个正统性的问题——是否承认大元帝国的合法性。处理好这个问题，才能让北伐师出有名，自己才能毫无争议地登上皇位。朱元璋承认了大元帝国的正统地位，并以此强调自己继承的是大元正统。为了配合北伐，朱元璋命宋濂起草了一篇《谕中原檄》，历数元朝廷的腐败和罪恶，而北伐檄文中开篇就指出："自宋祚倾移，元主中国，此岂人力，实乃天授。"这番话的意思就是，大元帝国统治中国和之前的宋王朝一样，都是上天授意。而自己此番北伐，推翻元朝统治，也是顺应天命，自己是天命所归的新主。

至正二十七年十月，北伐开始前，朱元璋亲率诸将在南京北门的七里山举办誓师大会，祭祀各方神灵，宣誓北伐。朱元璋特意嘱咐诸将："若所经之处，及城下之日，勿妄杀人，勿夺民财，勿毁民居，勿废农具，勿杀耕牛，勿掠人子女。"徐达当下接令，号令全军启程北伐。

此时所有人都已清楚，曾经那个"高筑墙、广积粮、缓称王"的朱元璋，此时即将登基称帝。徐达、常遇春北伐开始之后两个月，公元1368年正月乙亥，朱元璋终于在南京称帝，改国号为明，改年号为洪武，设立宗庙，大封功臣。

这位出身卑微的大一统王朝皇帝，在自己的即位诏书中，坦坦荡荡地向全天下宣告："朕淮右布衣，因天下乱，率众渡江，保民图治。"而本次北伐就是向天下人展示这位出身卑微的皇帝夺取天下的决心，是大明帝国上应天意、下遂民愿之战。

不过，北伐能否最终成功，天是决定不了的，还要在战场上见真章，还是要看徐达的智慧。

第二节　计破益都　平定山东

作为徐达北伐的第一步，原本以为最简单的山东攻略，一开始就出了大问题。这个问题就出在反复无常的王宣父子身上。

就在大明立国前一个月，也就是至正二十七年十一月，征虏大将军徐达刚刚路过淮安就按照朱元璋指示，派徐唐臣前往劝降大元帝国驻防沂州的王宣和王宣之子王信。

朱元璋为什么认为可以劝降这对父子？是因为王宣身为大元官吏，早年当过司农掾，曾参加过治理黄河的工程。后来天下大乱，风起云涌中，王宣的职责也从治理河道变成了平乱，职位也被升为招讨使。之后，他和其他元军将领一样，归于察罕帖木儿麾下，随其一起四处平叛。在察罕帖木儿平定山东后，王宣被安排到了一个重要职位上——益都路宣慰使。

元代益都路的面积很大，几乎囊括了今天整个沂蒙山区：北面包括重镇益都，南面包括山东南面门户沂州。后来察罕帖木儿被田丰所杀，他曾经的部属尽数散去，李思齐、张思道这样的大将开始自立门户，就连王宣这样的小股势力也开始准备割据一方。可惜他不敌田丰，益都又被红巾军抢走。

虽然之后借助扩廓帖木儿之力，夺回益都城，但是王宣父子自察罕帖木儿死后在朝中无人，益都路宣慰使的职位就被一个叫普颜不花的蒙古贵族抢了去。王宣父子对元廷的这番安排十分不满。

为了争取这对父子投降，朱元璋给出的条件是授予王信江淮行省平章政事的职位，并让他带兵随着徐达大军一同北伐，建立功勋后再进一步封赏，王宣则回到南京应天府任职，具体职位要等到大明帝国建立后再分配。

世上有很多人缺乏自知之明，又被小聪明遮住了眼，王宣、王信父子就是这样的人：父子二人决定假意同意向徐达投降。表面上王宣向徐达表示，明军应该首先攻打和自己不和的峄州赵蛮子，然后再接管沂州，王信统率的莒州周黼、海州马骊也将投降徐达。王宣父子一面犒劳徐达的北伐军，背地里却在莒州、海州募兵，准备壮大自己势力，偷袭徐达。

徐达率军转向峄州赵蛮子，又派徐唐臣前往王宣处协商投降事宜。但是王宣父子这招缓兵之计并未奏效，徐达先锋傅友德一到峄州城下，赵蛮子立即开城投降，徐达得知赵蛮子与王宣不和，瞬间明白了这是王宣的缓兵之计，这父子二人心怀鬼胎。果然当天夜里，王宣在沂州城中劫持了徐唐臣，想杀掉他。而他的手下们都已经做好了投降的准备，怕惹祸上身，徐唐臣于混乱中连夜逃走，才捡回了一条性命。

徐达得到王宣父子反叛的消息后，亲自连夜率四万人马围住沂州。沂州有一条重要的河流沂水。他之前已经在沂水上游的费县建立北伐大本营，原本派都督冯胜在这里筑坝蓄水，方便利用这条河道进行运输。为了尽快攻破沂州城，徐达立即下令冯胜开坝放水，用水攻城，逼迫沂州城中的王宣尽快投降。

王宣看到徐达几万人马围过来，又被徐达放来的大水围困，当然自知不能抵挡，决定开城投降。对王宣这种两面三刀之人，徐达自然痛恨，还有一些后怕，要知如果当时让他继续守此地，相当于把全军的后路置于险境，北伐大计可能因此失败。

徐达让王宣写信劝王信归降，又派手下镇抚孙惟德把信送给王信。结果王信却直接把孙惟德杀了，而后逃往山西，投奔扩廓帖木儿去了。徐达认为王宣反复无常，下令将他斩杀，以儆效尤。之后，莒州周黼、海州马骦全都开城投降，徐达留下部分兵力驻守沂州，准备继续北上攻击益都路首府益都城。

益都城虽然不及汴梁、应天这样的名城有名，但是其规模和坚固程度在山东境内都首屈一指，当年红巾军大将田丰凭借此城和察罕帖木儿血战数月。后察罕帖木儿平定山东后，曾在这里大量囤积军粮，城内粮食充足。驻守这里的宣慰使普颜不花也是一个人物。他作为蒙古贵族，却精通儒学，进士出身。他曾率兵死守江西首府龙兴两个月，大败"天完"军。之后他又奉命死守建宁六十四日，打退陈友谅的进攻，可以算是当时元军之中擅长坚守城池的将领。

坚固的城池和擅长守城的将领，是摆在徐达面前必须要破解的一道难题。当时,朱元璋曾给徐达发过一道旨意,让他注意派兵扼守黄河一带要冲,阻挡河南方面的援兵,如果不能迅速攻下益都的话,可以考虑先攻打相对较为容易夺取的济宁、济南一带。朱元璋发出的战役指导指出两个战役要点:济宁是当时运河上的重要码头,济南是当时黄河改道后大清河流经之地,只要夺下这两个地方,就可以凭借运河将河南的援兵阻隔在西面,从而能够从容攻取坚城益都。

朱元璋的战略意图,徐达完全领会。十一月,在平定沂州之乱后,徐达和常遇春分兵两路,自己率领右路军攻益都,常遇春率领左路军沿运河、大青河一线攻击前进,两军约定在济南会师。

徐达以傅友德两万精锐骑兵为先锋,自己统率八万人马紧随其后,向益都攻去。益都城池虽然坚固,但普颜不花刚刚到任不久,可以用的部队原本都掌握在王宣父子手里,眼见这父子二人一死一逃,手下本来就不多的兵力几乎全都投靠徐达了。他只能不停地发出各种文书向山东各地、大都朝廷、山西扩廓帖木儿和河南脱因帖木儿求救。

不过徐达一直信奉"兵贵神速"的教条,他的大军来得太快,普颜不花只能把仅有的一万多人集结起来,准备守城。益都虽然坚固,但比起张士诚的平江而言,还是"小巫见大巫",徐达立即把这座城死死围住,并亲自前往侦察。徐达拿出对付平江城的经验,开始围绕城池构筑防御工事,并修筑土山、塔楼,赶造攻城器械。徐达按照围攻平江城的办法,分派诸将,分别攻击诸门:益都共有八门,每门安排军士五千,同时安排傅友德统率一万骑兵为预备队，只要八个城门中任意一个被攻破，就立即从该门突入城中，直扑普颜不花的衙门，打乱元军指挥中枢，取得最终胜利。

十一月辛丑日，一切准备停当的徐达下令攻城。普颜不花只有不到一万人，他给各门分派五百人，把剩下的五千多人留在城内，一旦出现问题，立即就可以调兵增援。明军在兵力上占了绝对优势，很快益都城几个门都告急，普颜不花只得从自己的预备队中，抽出三千人前往支援。因为元军指挥系统仍然在发挥作用，所以军队有组织的抵抗并没有停止，双方从日出一直战到中午时分。

兵力较少的元军此时已经开始显露出疲态，徐达则利用兵力优势持续对敌人发起攻击，终于攻破了益都北门。徐达得到消息，立即传令傅友德的骑兵从北门攻入城去。随着傅友德一万精锐骑兵杀入城中，普颜不花剩下的不到两千人根本抵挡不住，很快就被击溃了。普颜不花眼见大势已去，跑回自己家里，跟他母亲诀别，随后回到战场继续和明军死战。

徐达早就听说过普颜不花的名声，见他如此忠义善战，更是起了惜才之心，派人招降已经被活捉的普颜不花。而普颜不花宁死不降，他的妻子阿鲁真也抱着子女投井而亡。

益都是整个山东元军存储军粮的大本营，徐达此战缴获粮食以万石计。徐达打赢了这场山东战场上的决定性战役。眼见益都这座坚城被克，粮食也被夺取，山东境内的元军开始大规模投降。

与此同时，常遇春率领十万大军，自费县出发攻击滕州，滕州守将弃城逃跑。常遇春不费吹灰之力就夺取了这个运河上的重要据点。随后常遇春派汪兴祖为先锋沿运河北上。十一月庚戌，汪兴祖兵抵济宁城下，元军守将再次弃城而逃，明军顺利占领济宁。攻下济宁后，汪兴祖部继续攻击东昌。十二月丁未，先锋汪兴祖刚刚兵临东昌城下，大元帝国平章马德弃城逃走，原属红巾军的元军将领陈璧率领所部五万余人投降。这次常遇春一改往态，为赢得民心，同时也是遵循朱元璋"不可妄杀"的军令，他安抚降兵，将这些人安顿在山东、淮西一带屯田养兵。常遇春和徐达在一起配合了十多年，两人之间性格相互影响，徐达从常遇春身上学到他的勇猛，常遇春也从徐达身上学到了他的仁厚，彼此间的默契，当世已经无人能敌。

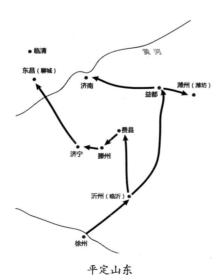

平定山东

徐达没有停住脚步，他派傅友德向东进攻莱阳，自己亲自率部从益都西进济南。徐达的威名让镇守这里的大元帝国平章忽林台等人不敢有抵抗的念头，并未交战，率军弃城而去。

徐达只用了不到两个月的时间就基本平定了山东，其间除了在沂州城和益都城下的交战，大部分城池都没费吹灰之力就攻下了，可谓顺风顺水。此时他需要面对的最大问题不是元军的反击，而是数量庞大的降兵和这些心思各异的降官。因为山东这个地方此时已经经历了十多年战乱，刚刚投降大明的这些降官是个棘手的问题，降而复叛的王宣就是最好的例子。如果处理不好，自己后方不稳，如何可以按照北伐计划继续西进河南与扩廓帖木儿决战？

徐达认为必须先要整顿好后方，才能继续作战。可是这么多的降兵、降将，该如何安排才妥当，他虽是丞相却不敢擅自做主。于是他上书朱元璋请求暂缓攻击，全军在山东集结休整，整顿后方，安顿降兵，招抚地方——这些事宜，对于身为北伐元帅的徐达来说，可以自行处置，因为朱元璋已经授予了他节制全军的大权。但是徐达深知"将在外君命有所不受"这句话害人不浅，但凡照着这个说法行军的将领们，很少有躲过兔死狗烹的下场的。韩信违令灭齐就是最好的例子。

而徐达一生始终清楚一件事——朱元璋才是最高决策者，不能逾矩。这也是他功劳不下韩信，境遇却比韩信好得多的一个重要原因。果然，十二月丙辰日，朱元璋的诏书送到徐达手中。这对君臣彼此之间也很有默契，原来朱元璋也有相同的忧虑，他提出让徐达将这些降兵家属全部送到应天来，作为人质，同时择优安排兵将和北伐大军混合编组，尽快消化。徐达出兵自攻下益都之后，又夺下潍州、胶州，济南元军投降，随后分兵夺取登州、莱州等地，至此整个山东都被明军彻底控制，徐达顺利完成了北伐第一步的战役目标。

就在明军控制山东的同时，朱元璋在南京应天府即皇帝位，改元洪武，改国号明，加封徐达为右丞相，兼任东宫太子少傅。而此时徐达已经开始着手北伐第二步的计划：进攻河南，与扩廓帖木儿决战。兵马未动粮草先行，徐达认为必须要先解决好二十五万大军的粮食转运问题。徐达再次上书朱元璋，希望按照计划开始疏浚运河，同时开展海运，接济前线。

洪武元年二月，为了彻底解决北伐大军的后勤问题，朱元璋安排刚刚消灭方国珍的汤和负责制造海船，疏浚运河，准备从漕运和海运两个方面为北伐大军供给粮饷。按照原定计划，朱元璋派康茂才率军由海路进抵济南，负责统筹后方补给，归徐达指挥。

大明北伐中最具决定性的河南战役就要拉开帷幕。

第三节　血战洛阳　扫荡河南

洪武元年的河南战役没有从徐达、常遇春掌握的二十五万大军的东线开始，却由征南大将军邓愈统率的襄阳兵攻击南阳拉开序幕。这是朱元璋和徐达等人商议好的，以南阳为佯攻方向，再从山东出兵一举攻克汴梁。

朱元璋原本以为明军在山东的军事行动肯定会诱使大元帝国把扩廓帖木儿的大军从山西调回河南，加上汴梁方向的脱因帖木儿，明军将在汴梁这座坚城下与元军展开一场大决战。可就在这生死存亡的关键时刻，大元帝国内部却展开了一场旷日持久的内斗。此时的扩廓帖木儿夹在皇帝和太子之间，根本无暇对付徐达。

事情是这样的。昏庸的元顺帝和一心想中兴大元的太子之间存在矛盾。太子害怕被皇帝诛杀，逃出元大都，直奔太原城，投靠兵力最强的扩廓帖木儿。两人一见面，太子劝说扩廓帖木儿效仿唐肃宗在灵武继位的先例，遥尊元顺帝为太上皇，帮助自己即位振兴元朝。不久，元顺帝让扩廓帖木儿逮捕太子的诏书也到了。

扩廓帖木儿的处理很有意思。他既没有答应太子的要求，起兵谋反，也没有按照元顺帝的诏书捉拿太子。却按照皇后的命令，带着几万大军拥着太子回到大都城。扩廓帖木儿把大军安排在城外，自己带着十几个人进城，化解了这场危机。

但是皇帝一家并没有感激从中调停的扩廓帖木儿，反倒同时记恨上了他：太子恨他不拥立自己，元顺帝忌惮他的实力。于是朝中见风使舵的奸臣，纷纷开始向元顺帝举报扩廓帖木儿不接受朝廷诏命。扩廓帖木儿反倒被朝廷处置：先是把他调离河南，逐步削减他的兵权，将他的部队派给李思齐等人指挥，又害怕他效仿李渊，从太原起兵夺取天下，不让他继续在此驻防。扩廓帖木儿可不是书呆子，他的部队都是当年跟着察罕帖木儿纵横天下百战之余的精兵悍将。盛怒之下的扩廓帖木儿直接率兵夺回太原，杀了元顺帝任命的所有官员，紧接着占据整个山西，伺机而动。元顺帝则下诏革除扩廓帖木儿一切官职，下令李思齐等人讨伐扩廓帖木儿。

消息传来，朱元璋和徐达发现原本计划在汴梁一带的战略决战根本没必要。因为扩廓帖木儿失势，没人能够担当起防御整个河南的重任。时不我待，大军此时不应等待粮道完备，应该立即向河南发起攻击。

随着山东失守，此时河南的元军主力十多万人马都被扩廓帖木儿带到山西去了，其余剩下的五万人马由其弟脱因帖木儿统率，脱因帖木儿原本驻防汴梁，现在为了更好地和太原呼应，他放弃汴梁，改屯洛阳，察罕帖木儿的父亲梁王阿鲁温也从汴梁转到这里。

汴梁则由原来割据庐州的左君弼占领。徐达和左君弼当年在庐州就较量过，左君弼目睹了大元朝廷内部混乱，陈友谅、张士诚等势力的兴起与覆灭后，意识到只有向朱元璋投降才有活路，只是顾虑自己在庐州跟朱元璋斗了太久，心有忌惮。

朱元璋得知左君弼的顾虑后，亲自写信劝降他。信里说了一番安慰的话，把当年双方在庐州的对抗归咎于天下兵连祸结，主动为对方开脱。最后，朱元璋又把在庐州俘获的左君弼的老母妻儿送还左君弼处，左君弼终于下定决心投降朱元璋。

洪武元年，徐达率领大军从山东跨过运河，直扑汴梁，左君弼立即打开汴梁城门投降，这座北宋故都很顺利地被徐达夺了回来。

汴梁可是大元帝国的大城市，之前刘福通、韩林儿就曾经占据这里号令天下，和察罕帖木儿血战多次。如今徐达兵不血刃地占领这里，整个大元朝廷大为震惊，他们似乎此时才意识到，朱元璋和张士诚不一样，不想割据称王，而是要夺取天下。刚刚和扩廓帖木儿撕破脸的元顺帝朝令夕改，立即把所有罪过推给太子，恢复扩廓帖木儿一切官职，让他总督天下兵马，南下迎战徐达。

此时徐达统率的明军主力屯驻在汴梁这个中心位置，扩廓帖木儿拿不准对手下一步的攻击方向是继续北上攻击元大都，还是向西指向关陇地区。扩廓帖木儿认为他最好还是停在太原，只要大都或者关陇方向有事，他就可以率兵立即增援。所以，思来想去他决定继续停在太原不动，只是传书给弟弟脱因帖木儿，让他和阿鲁温一起固守洛阳，等待自己的援兵。大元帝国时代洛阳属于河南路，这一带相较于汴梁来说，西北有邙山掩护，北面是黄河，西面狭窄的河谷区内，又被崤函古道占据，东面有虎牢关作为屏障，更便于长期固守。

既然扩廓帖木儿等徐达先出招，徐达则将计就计，留下足够部队防卫补给线后，自己和常遇春率领十万大军向洛阳杀去。夏四月，徐达从汴梁出发，一路拿下荥阳，进占洛阳东面门户虎牢关。

驻守此地的脱因帖木儿也不是等闲之辈，他早年跟随察罕帖木儿和扩廓帖木儿对阵北方红巾军主力时，他总是第一个出阵冲锋，甚至对阵敌人的猛将。在他的眼里，朱元璋

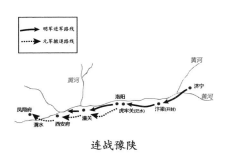

连战豫陕

最大的优势是水军，陆地作战不可能比当年百万红巾军更凶猛，之前几十万敌人，都被朝廷击溃，如今对手不过十万，自己又有五万身经百战的精锐部队，自然敢于和对手交战。

为了击败徐达，他把五万人马部署在洛水以北，以洛阳城

为屏障,保护自己左翼,以洛水保护自己右翼,将五万人马抽出三万人马摆出纵深阵形,吸引徐达正面攻击。一旦开战,脱因帖木儿将利用自己的防御纵深顶住对手的冲击,而后在洛阳城中埋伏两万部队,准备从左翼猛冲明军侧后,配合主力将明军击败。

就在脱因帖木儿完成布阵的两天后,徐达、常遇春率领十万明军杀到洛阳城下。两人一面指挥部队就地构筑防御工事,一面亲自带队侦察元军的布阵。

夕阳下的千年古城此时显得格外肃穆。徐达、常遇春登上山头,仔细观察元军的布阵。脱因帖木儿显然太轻视这两位身经百战的大明名将了,二人一眼看穿了脱因帖木儿的战法,不过限于地形,十万人马一时之间也无法展开,从各个方向迂回也需要时间。另外,陕西李思齐是否会率军从潼关方向赶来支援,也是未知数,一旦这支兵马赶来,迂回部队很有可能就会受到夹击被消灭。山西方面扩廓帖木儿也会率领十几万人马南下支援,要想赶在这两拨援军赶来之前夺取洛阳,消灭脱因帖木儿,就必须速战速决。

徐达决定以常遇春率领先锋精锐两万人马冲击脱因帖木儿的军阵,傅友德率领两万人马攻击洛阳城,牵制脱因帖木儿试图绕击的部队,自己统率剩余的六万人马,根据战局变化的需要进行调配。

双方都自认为准备妥当的第二天,大战拉开帷幕。

常遇春率军两万面对脱因帖木儿的军阵,准备发起攻势。眼见自己的部队已经列阵完成,他立刻手持弓箭,单骑闯阵,径直冲向了元军！元军派出二十多个骑兵，拿着长矛直冲常遇春。只见常遇春拉弓搭箭，一箭射中敌方先锋。明军这边眼见主将这般勇猛，轻易射杀敌军，士气大振，全军高呼着向前发起了冲锋。

元军的先锋骑士虽然倒下，身后那些也都是身经百战的士兵和猛将，他们立即列好阵势迎击上去。双方兵力相当，两翼又无法迂回，正面很快杀到一处，彼此之间相互搏杀，但一时之间都奈何不了彼此，战场陷入僵局。

徐达见常遇春已经开始攻击，立即下令傅友德率部攻击洛阳城。脱因帖木儿倒是预见到明军的这个举动，但他认为洛阳有十二处城门，明军不可能处处都攻，于是将兵力集中到了城南。他见常遇春身先士卒杀入军阵之中，认为这种以命相搏的战法和当年在陕西、河南遇到的红巾军破头潘、大刀敖也差不多，觉得他们都是有勇无谋之辈，于是他下令自己纵深阵地的军队，开始有步骤地向后退，诱使徐达右翼暴露，给洛阳城中埋伏的部队留下侧击明军的机会。

徐达见脱因帖木儿的部队能够在常遇春的压力下，稳步不乱地后撤，感叹察罕帖木儿留下的精锐部队战斗力果然强悍。此时傅友德派人前来向徐达报告，攻击洛阳城异常顺利，原本只是佯攻，但整个洛阳北部竟然没有配属多少兵力，他的骑兵已经下马攀墙攻入城内。徐达本来也只是派傅友德进行牵制性的进攻，可发现元军布防出了漏洞，徐达反而改变了战法。

徐达意识到洛阳城北的突破，已经让他取得了优势，既然这样，那就先攻洛阳城，再解决城外脱因帖木儿的军队。于是徐达传令，派汪兴祖率一万人马支援常遇春，令傅友德控制洛阳城北后，调集全部兵马攻击洛阳城南，拿下洛阳城，同时给傅友德增派一万人马听他调遣。

这样布置下来，常遇春就以三万人对战脱因帖木儿的三万人马，傅友德以三万人马对战城内的两万多人。双方激战到中午时分，常遇春没有占到多少便宜，但已经逐渐在脱因帖木儿的军阵中央撕开一条条裂缝，逐渐向对方军阵渗透进去。脱因帖木儿并不慌张，反而不断组织反击，双方在洛水边持续厮杀。

就在此时洛阳城北被攻破的消息传到脱因帖木儿这里，他这才发现对面的徐达不是那些只知道死打硬拼的红巾军可比拟的，自己真正遇到了麻烦。眼见自己城里城外的部队都被拖住，再战下去非常不利。

眼见脱因帖木儿乱阵，徐达开始亮出"撒手锏"，他留下一万人马作为预备队，自己率领三万人马，开始杀向洛阳城南和脱因帖木儿军阵的接合部。脱因帖木儿期盼城内部队出来支援的道路被徐达封上了，而且徐达并不停留，反而让部队继续向西，绕过脱因帖木儿军阵的左翼，向后方攻击过去。

脱因帖木儿这才发现一个上午的激战竟然都是圈套，原来自己才是上当的那个人。徐达就是要不断消耗他的力量，迫使他把自己的预备队都投入进去，再发起这致命一击。

眼见徐达的三万人马向自己的侧后气势汹汹地杀去，脱因帖木儿根本不敢再战，手上已经没有一兵一卒可以调动的他只能和少数亲信先行向西逃往陕州。他这一跑，城外的元军丧失统一指挥，被常遇春、徐达的六万人围住，前后有数千人被杀，其余二万多人全被俘虏。

城内的傅友德的战斗也很顺利，双方一直杀到第二天早上。察罕帖木儿的父亲梁王阿鲁温得知脱因帖木儿已经遁逃，城外主力已经被消灭，遂下令停止抵抗，亲自来到已经移驻洛阳城北的徐达营中投降。徐达传檄河南各地，察罕帖木儿之父、梁王阿鲁温已经投降，让其余元军不要再作无谓抵抗。阿鲁温在河南各地有极高威望，剩余的元军大部闻风而降。

随后徐达坐镇洛阳，派出常遇春、傅友德等人分兵夺取汝州、嵩州等地，又令冯胜率兵追击脱因帖木儿，夺取陕州，进逼潼关，封死了李思齐等人东出的道路。这时候李思齐、张思道恐惧明军下一步攻入陕西，不但没有东出支援，反而放弃潼关逃往陇西。明军趁胜而进，一举夺下潼关。

至洪武元年四月，徐达已经转战山东、河南，为刚刚建立的大明朝开疆拓土，立下赫赫战功。之前在应天准备分两步用一年时间平定山东、河南地区，结果半年就完成了，此时已经登基称帝的朱元璋非常高兴，决定亲临北伐前线，犒赏三军，准备完成北伐，攻入元大都。

四月，朱元璋亲临汴梁城，召见徐达、常遇春，商议下一步行动。徐达向朱元璋报告此时的军事形势：明军自出兵以来，已经扫平河南、山东，扩廓帖木儿在山西拥兵却不敢出战，李思齐、张思道得知明军攻下陕州，就已经撤向陇西、凤翔，这两股大元朝廷可以依仗的军事势力已经无力直接保卫元大都了，所以此时北伐军直指元大都，可一举成功。

朱元璋大为高兴，立即批准了他的计划。不过朱元璋还是有些担心，他认为河北平原地势平坦，明军步兵难以和蒙古骑兵对抗。朱元璋提出一个战法，让一位副将率领骑兵为先锋，徐达率领水陆大军为后援，以山东的存粮为军资，从临清北上突袭元大都。

商议已定，徐达率领明军将再次踏上新的征程。

第四节　克服大都　重夺幽燕

洛阳战役结束后，察罕帖木儿之父阿鲁温投降明军，北方的大元朝廷已经没有什么兵力可以调动，只能拼命讨好扩廓帖木儿，让他出兵来消灭明军。扩廓帖木儿见弟弟脱因帖木儿在洛阳损失了五万人马，而自己兵力本来就不如对手，故不敢随意出战。

而且即便到了这个时候，扩廓帖木儿仍然无法推断徐达下一步是从潼关攻击陕西，还是过黄河进攻山西，或者直扑元大都。在他看来，明军无论如何选择，他只要占据太原这个中心位置都能很好应对。于是他拒绝出兵河南，决定利用骑兵优势，在河北平原、渭南平原或者晋中平原迎战对手。

徐达虽然在四月份就基本消灭了元军在河南的主力，但河南毕竟被诸多势力来回争夺了十多年，各地都有割据势力，并不太平。徐达将自己的帅营移回汴梁。五六月间，二十多万北伐明军主力开始分散至山东、河南各地搜罗军需，剿灭残敌。邓愈的精锐部队也从襄阳方向赶到汴梁，明军兵力增加到三十万以上。

朱元璋在汴梁一直待到六月，明军此时也没有完成大规模集结，反而分散各地驻防。扩廓帖木儿认为对手可能不会短时间向自己发起攻击，还需要一段时间消化已经夺取的地盘。

但是徐达没有停下来，反而利用扩廓帖木儿的这个心态，派傅友德率领少量部队跨过黄河，在河北进行游击骚扰，同时侦察对手的兵力和动向。徐达发起的这一系列试探性进攻，实际上都是小股部队渗透，成功隐藏了他准备大举渡过黄河北伐的作战企图。这几个月里，徐达的主要精力都放在疏浚运河河道、整顿兵员和协调后勤上。

七月，徐达、常遇春开始秘密集结分散在河南、山东的部队。他下令在山东益都、济宁、徐州的十万人马开始向东昌集结，而后准备顺运河北上，攻击临清，这里是明军北上大都必须要夺取的要点。另外河南方向的十万人马则在汴梁集结，准备渡过黄河故道，开始进攻彰德一线。

为掩盖自己攻击临清的战役企图，同时掩护战役集结点临清的左翼，防备扩廓帖木儿跨过太行山攻击临清，徐达派傅友德率领两万骑兵攻占卫辉，而后进攻彰德。此两地的元军望风而逃，明军势如破竹。随后，徐达率汴梁的十万大军自淇门镇跨过黄河故道，而后全军沿漳河向西直扑临清。

傅友德部两万人马继续自彰德北上，掩护大军左翼，一路攻下广平路和河北重镇磁州，兵锋直指邯郸，一路上并未遭遇过多抵抗，元军继续弃城而逃。这样一来扩廓帖木儿从山西杀向临清的通道就被傅友德的这支人马堵住，掩护了明军在临清顺利完成战役集结。

闰七月中旬，徐达北伐大军攻下临清。这个连接运河北上大都的关键节点被打通。

明军十几万大军在临清驻扎了近半个月，粮道开始发生问题，徐达派傅友德、顾时配合临清知府方克勤疏浚运河故道，守备粮食，以备北上之需，同时传令冯胜留守汴梁，韩政守临清大本营，自己率领全军沿运河北上。徐达在德州与常遇春等人的山东兵团会师，大军增至二十余万。

闰七月末，徐达率军进至长芦，元军依旧溃逃，明军随后又攻占了沧州城。数日后，明军兵抵直沽。徐达命全军暂时在此地休整，修筑防御工事，同时传令康茂才用海船直接将江南粮食运抵此地接济大军。

徐达这次进攻路线安排得非常精准，明军主力并没有像当年红巾军那样，沿途四处乱闯，无目的拼杀，每一步进兵都始终依托运河河道，发挥水运优势，保障粮食、军械和兵员的补给，同时以水师支援前进。故明军北伐大军进展顺利，且对沿途百姓极少骚扰。仅仅不到半个月，明军就从汴梁一路杀到元大都附近，大大出乎扩廓帖木儿的意料。

闰七月癸亥，徐达兵抵直沽，元大都近在咫尺，还远在太原的扩廓帖木儿已经被徐达布置的多方势力封堵，难以支援。经过短暂休整后，徐达、常遇春率领十万大军向运河上的最后一个口岸也是元大都东面最后的屏障——通州杀去。

这里的元军没有逃走，却也抵挡不住徐达的攻势，只一天时间，通州就失守。夺下通州后，徐达在运河东岸扎营，常遇春率先锋军在运河西岸扎营，做好了围攻元大都的准备。

另一边，大元帝国朝廷乱成了一锅粥。荒唐了大半辈子的元顺帝

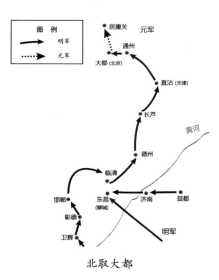

北取大都

这才意识到自己和他统治下的帝国都已经到了生死关头。元大都内的五十八家王公贵族纠集了一万多家丁，组成敢死军，推举伯颜帖木儿为领袖，准备前往通州，迎战徐达。谁都知道这是一股乌合之众，可是此时因为几次三番的内部斗争，元大都的兵力已经被掏空，这支部队就是元顺帝最后的救命稻草。

闰七月二十七日，徐达帐下诸将都已经摩拳擦掌，准备打下元大都，争这盖世之功。但是明军刚到，徐达对大元朝廷内部的情况和大都城兵力布防情况并不了解，自己的二十几万大军实际上沿途已经被派出去一半左右，固守运河上各个重要据点，保护补给线，在通州—大都一线真正能用的兵力不过十万人左右。随

军出征的郭英也认为大军自临清出发，已经跃进了近七百里，对手则是以逸待劳，大都城池坚固，强行攻坚对明军十分不利，应该想办法出敌不意，攻其不备。

徐达认为郭英所说有理，就派他率领三千轻骑兵前往元大都先行侦察。郭英出发的当天早晨，元大都附近起了雾。他分出一千骑兵埋伏在自己的归路上，自己带着剩下的两千人来到城下继续巡哨，执行侦察任务。

伯颜帖木儿前两天才刚刚把这一万多家丁组织起来，眼见明军只有几千人就敢在大都城下耀武扬威，决定先歼灭这拨人马，再和徐达的主力一较高下。于是他就带着这由家丁组成的一万敢死军杀出城来，张开两翼想要把郭英这两千轻骑兵包围吞掉。郭英也是大明开国名将之一，有勇有谋，他带着这两千骑兵和万余蒙古骑兵对战竟然丝毫不落下风。而且郭英发现这支大元军队缺乏训练，战斗力比他之前战斗的元军骑兵差了太多，更不能和扩廓帖木儿、脱因帖木儿的百战精锐相提并论，心中已经有了取胜之法。郭英决定率部后撤，吸引对手来追击自己。伯颜帖木儿眼见明军要逃，立即发起追击。结果半路上被郭英的一千伏兵拦腰切成两段，郭英率领两千佯装败北的骑兵又回身杀了回来。伯颜帖木儿率领的这群乌合之众瞬间崩溃，千余人被郭英斩杀，伯颜帖木儿本人被俘。

这支被元顺帝作为最后希望的部队，都还没有和徐达、常遇春碰上面，就被前往巡哨的郭英率三千骑兵消灭了。

这下彻底没了希望。元顺帝召集众人商议，避开明军锋芒，北行至上都开平避难。左丞相失烈门等人都劝元顺帝在大都固守，等待扩廓帖木儿在太原的十几万精锐部队赶来支援，到那时里应外合，必然可以击破徐达，就像之前击破红巾军的围攻一样。

就当时的情况而言，元顺帝逃命的决定是对的。此时固守元大都的兵力都被消耗干净，再无有效战力可用，留下了很可能会被徐达连根拔起。扩廓帖木儿调兵来解围至少需要十余天的时间，徐达的十万大军可是近在咫尺，已经到了通州。另外，徐达善于攻城，平江、洛阳、益都这样的坚城，全都被他拿下，像大都这样没有多少兵力守备的城池，自然也不在话下。而且，元顺帝担心自己和扩廓帖木儿有矛盾，他不一定会在此生死存亡之际前来相助，如果固守，就是在拿自己的性命赌博。

元顺帝不敢赌，于是当天夜里留下淮王帖木儿不花监国，自己带着后妃、太子，从建德门出逃，出居庸关直往上都开平，同时下诏扩廓帖木儿夺回大都；又下令辽东守将——当年在集庆被徐达俘虏的纳哈出，率领本部兵马前往上都迎驾。

徐达并不知道元顺帝准备逃跑，但是他在收到郭英的捷报之后，立即敏锐意识到此时元大都守备空虚。于是八月二日，徐达、常遇春率大军进抵大都城东齐化门。徐达下令将士填平外壕，架设云梯登城。元军毫无抵抗之力，元大都被徐达攻克。至此，统治中华大地九十七年的大元帝国宣告灭亡，其残部被后世史学家称"北元"。

入城后，徐达派兵封存府库，保护元朝宫殿和宫中未来得及逃走的众多官员、女眷，严禁部队抢劫百姓，违者重惩。元大都很快恢复了秩序,老百姓的生活基本没有受到太多影响。随后,徐达一面派人前往南京应天府向朱元璋告捷,一面派出傅友德、顾时等将分别率领人马占领燕山山脉诸隘口,防止元军反扑。为了保证大都的安全,徐达在此地重新编排了六卫兵马共三万人,交给孙兴祖指挥,由他负责统筹守备和南方军粮北运的工作。

徐达以全军统帅的身份,完成了之前令很多名将饮恨的壮举——北伐。他夺回了四百多年前被石敬瑭割让的幽燕之地,让大明帝国重新掌握了这个可以保护华北平原的重要战略屏障。相较于之前和陈友谅、张士诚的较量,这次北伐过于容易,这是因为元军主力掌握在扩廓帖木儿手中,而他并没有与徐达主力交锋。

原本北伐开始之前,徐达、朱元璋认为元军统帅扩廓帖木儿一定会集结全部兵力,依托汴梁城和自己决战。没想到元廷内部斗争让扩廓帖木儿难以施展。这样一来,原本可以整合起来近二十万元军精锐的大元朝廷,实际上只有五万人马在洛阳和徐达交战,其余人马都被扩廓帖木儿留在太原,没有对徐达的北伐军产生任何实质性的威胁。

徐达在用兵上秉持了自己步步为营、稳扎稳打的风格,在突进元大都的路途上,又利用水路完成了闪电突袭。整个北伐过程中,徐达率军始终依托自己的运输线、补给线调配兵力,将沿途各个重要据点牢牢掌握在自己手里,真正做到了《孙子兵法》所说的"先为不可胜,以待敌之可胜",彰显大将风范。

徐达的指挥风格和韩信、李靖、李光弼这类善于出奇制胜的名将不同。他用兵之法仿佛老农耕田,看似平平无奇,并无奇招，但每一个动作都极为扎实，只要按部就班执行下去，就一定可以获得最后的胜利。

洪武二年（1369），徐达奉旨将此地改名为北平。为了拱卫北平，徐达开始沿着燕山山脉构筑长城，重新修缮工事。徐达亲自勘测，在明长城的东起点，依山靠海，修筑山海关。

时至今日，"天下第一关"的牌匾仍然在这座徐达主持修筑的关口悬挂，仍在万里长城起点，永佑中华山河。

第八章 西征秦晋 两败扩廓

洪武元年八月,徐达统率北伐军一举攻克大元帝国首府大都,后改名北平。此战,徐达夺回了脱离中原王朝统治数百年的幽燕之地,但战略形势并不乐观。

此时北平北面有元顺帝和北元残余势力盘踞在元上都开平府;东面有辽东的纳哈出二十万人马;西面的山西还有扩廓帖木儿麾下十余万百战精兵,陕甘地区,也还有李思齐等部二十多万人马。

徐达没有时间休整,必须趁胜行动,打破这种态势。洪武元年十月,明军开始西征,随后徐达率军攻取山西、直下陕甘,先后两次在太原、兰州大破一生之敌扩廓帖木儿,力助大明一统河山。

第一节　计取三晋　备战强敌

洪武元年八月，徐达夺下元大都，不久后朱元璋将此地改名为北平。①

持重稳进的作战风格一直贯穿徐达的整个军事生涯，占据北平后他更是将这种作战风格发挥得淋漓尽致。徐达攻取元大都靠的是通过运河河道从江南转运的粮饷，他的进军路线基本就是沿着河道一路推进。但此时扩廓帖木儿占据山西之地，一旦他冲出太行山脉，向东攻击运河沿线，就有可能切断北伐军补给线。

为了确保补给线安全，徐达进攻北平之前在直沽镇构筑卫城，通过海路建立第二条补给线，保障后方安全，才从通州方向进攻北平。真正的军事家在战役中首要关注的问题都是双方的补给线。拿下北平后，徐达无论是北上追击盘踞在上都开平的元顺帝，还是东征辽东纳哈出，或者西征山西扩廓帖木儿，都先要巩固自己在北平一带的根据地。

朱元璋也对徐达的此番处置非常满意，立即下诏允准在北平设立六卫，分别是由近卫飞熊军一卫改编的大兴左卫，以亲兵淮安卫改编的大兴右卫，这两卫部队共一万人，是明军北伐军中的精锐；由乐安卫改编的燕山左卫、济宁卫改编的燕山右卫、青州卫改编的永清左卫，都是最近刚刚收编或者新从山东招募的兵马；最后是徐州卫改编的永清右卫，这是当年攻克张士诚淮东收降的兵马。这六

---

① 元大都改名北平是在明洪武二年，这里为了叙述方便，本章开始统一改称北平。

卫实际上是新老搭配,还有精锐骨干,战斗力不弱。

六卫按照明军编制,共有三万人马,徐达将这支人马统一整编后,交给孙兴祖统率,用以保卫北平。同时,傅友德等人迅速攻克北平北面燕山山脉诸口,夺回居庸关等地,北平就有了基本屏障。然后,常遇春亲自出马,率军向南攻克保定、真定一带,随后南下夺取赵州,这样一来,明军的运河补给线距离扩廓帖木儿就有了两百里以上的战役纵深,再突袭起来可就没那么容易了。

元顺帝刚刚在上都开平站住脚,就准备调集兵马向南杀回元大都。此时大同、辽东都在元军控制之下,各地元军还有近三十万,其中扩廓帖木儿精锐十多万人还在山西,如果元顺帝可以把这些力量统一整合,再交给扩廓帖木儿统一指挥,打败徐达北伐军还是有可能的。

早在洪武元年七月时,元顺帝就赦免扩廓帖木儿,再次让他统领全军,入京救驾,又命令陕西军阀李思齐出兵从潼关向东攻击汴梁,两路夹击打败北伐明军。但是,大元朝廷持续九十多年的内斗已经把皇帝的权威耗尽,大家都对皇帝的诏书阳奉阴违。由于明军集结在河南、山东的兵力强大,潼关又已经失守,扩廓帖木儿搞不清楚皇帝和徐达的真实意图,他既无法判断明军是先取关中还是先攻大都,又担心皇帝过度猜忌自己,到时进退两难,只能集结主力近十万人马于雁门、大同一线,同时留下韩札儿的三万兵马守备太原。扩廓帖木儿没料到,徐达通过运河完成部队集结和开进,自闰七月中旬出兵,八月初就迅速攻下大都,他再想增援已经晚了。李思齐不但没有东进,反而向西巩固凤翔据点去了。

元顺帝还没彻底绝望，不断派人催促扩廓帖木儿出兵，夺回大都。扩廓帖木儿知道这次要面对的是徐达，不敢大意，一直在朔州-大同一线，集结兵力，准备看准时机，绕道居庸关一线，冲过燕山山脉，夺回元大都。

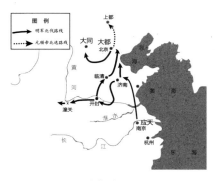

平定北方

明军这边，洪武元年八月夺回北平后不久，朱元璋就已经下令徐达与常遇春率军向西攻击扩廓帖木儿。徐达却没有立即行动，一来明军北伐大军自闰七月以来从汴梁一路沿运河攻到北平，实际上分布在千里战线上，兵力十分分散，刚又抽调出三万精锐人马组建了北平六卫，他实际在北平一带可以调动的部队不超过十万人，扩廓帖木儿麾下的百战精锐也有十四五万人，自己兵力不够，向西攻击扩廓帖木儿没有必胜的把握，所以他在八九月间集中精力重新整顿补给线，攻下北平外围据点，巩固北平这个据点，继续和扩廓帖木儿对峙。

眼见北平、大同方面集结了双方的主力，相反在战役目标太原方向两边兵力都不足。根据南北兵力配置不平衡的战场形势，徐达、常遇春一致决定避实击虚，从敌人兵力薄弱的南方开始山西战役。徐达传令让守卫汴梁的冯胜和一直在后方督运北伐粮草的汤和统率重新在汴梁一带集结的五万新锐战略预备队，从南面攻击太原。

洪武元年十月,朱元璋让冯胜率领三万人马自汴梁出发,前往彰德,由涉县攻向潞州,让汤和率领两万人马自洛阳孟津渡河,由河内攻向泽州。这样在晋南原本兵力占优势的五万明军被分成两部,同时进攻两个地方,兵力相较于扩廓帖木儿留下韩札尔的三万人马就没了绝对优势。

韩札儿也是察罕帖木儿留下来的百战之将,他见明军主动分散兵力,料到对手并没有把自己放在眼里,已经有了轻敌之心。他决心利用明军这种心态,主动放弃潞州、泽州两地,将主力部队全部集结到两地之间交通要道韩店羊头山一带,准备伏击明军。

果然汤和、冯胜很顺利地拿下两州,元军像在河北、山东一样弃城逃走。两人知道扩廓帖木儿的主力都在晋北,认为此战必然轻松。汤和通知徐达、冯胜自己准备留下部分兵力驻守泽州,亲率主力一万人北上潞州和冯胜会师。

结果汤和在途中遇上早已设伏在此的韩札儿,元军早已占据了所有优势地形,双方兵力之比是三比一,身经百战的汤和意识到情况不妙,立即派人向潞州冯胜和自己留在泽州的部队求援,同时率这一万人马抢占高地,坚决顶住元军的进攻。冯胜收到汤和的求救信,立即派张彬率领五千人马南下支援。韩札儿发现汤和确是百战名将,他三万人围攻汤和一万人,却未占到什么便宜,和他预想的完全不一样。就在此时,留在羊头山的警戒部队发现北面明军张彬部向南杀来。韩札儿当机立断,留下一万人马和汤和对峙，把两万人马撤出战斗，重新集结，消灭相对较弱的张彬部。张彬为救汤和已经全速行军了近五十里，还未交战就已十分疲惫，结果被韩扎儿两万元军围攻，瞬间崩溃，张彬仅以身免。另一边，汤和眼见压力减轻，立即将全军分为两队，交替掩护向泽州退却。韩扎儿见明军强悍，也不敢深入追击，见好就收，立即率军由长平古战场转向沁州，退回太原。

这一仗是明军自北伐以来遭遇的第一次真正意义上的失利，明军损失接近四千人，约等于一个卫的人数，元军损失轻微。但明军只是在战术上失利，战略上元军依然丧失了泽州、潞州等地，太原的南大门被打开。朱元璋随后对西征明军进行了重新编组，以徐达为主帅、常遇春为副帅，冯胜为右副将军，汤和降为第二偏将军，位在冯胜之下。

明军这边，徐达接到诏令，留下孙兴祖及六卫三万人马驻守北平，自己率领四万人马前往真定与常遇春统率的三万步骑会师，同时传檄冯胜、汤和准备和自己会师，一起进攻太原。

元军方面，扩廓帖木儿得知韩扎儿在晋南击败汤和，但是失去了泽州、潞州，而徐达已经率领主力部队离开北平南下真定，他判断徐达用兵谨慎，如今明军南线遭受挫折，徐达可能会怀疑自己将率元军主力趁势向东配合陕西李思齐切断河南至北平的补给线，甚至夺回汴梁。所以，他认为徐达此番南下必然把主力调往汴梁一带，提前布防。

这就是扩廓帖木儿等待多时的机会。他立即留下两万人马守太原，自己从太原出发前往大同，率领集结在此地多时的八万精锐人马,自大同出发,沿桑干河谷进军,准备经过保安,攻向居庸关,进取北平。

这一仗双方策略一样,都是直扑对方核心要点。

徐达在真定大营得知扩廓帖木儿已经率领八万大军攻向北平,召集众将商议对策。众将均认为北平重要,且守军兵力只有三万,应该立即率领集结在真定的七万人马,支援北平,击败扩廓帖木儿之后再进军太原。这是万全之策,以明军的战斗力,此时回军北平便可集中十万以上兵力,凭徐达的指挥和常遇春的勇猛,与扩廓帖木儿决战也有胜算。这是最安全的策略。

不过徐达认为即使打退扩廓帖木儿的进攻,以对手的能力,仍可以保全大部分作战力量。这样一来,再进军太原还有一场硬仗。一旦扩廓帖木儿集中全军守山西,明军即使能胜也要付出很大代价。这次扩廓帖木儿主力想要偷袭北平,太原兵力必然空虚。这无疑是给了明军一个直捣太原的机会。而且如果两军直接交战,北平孙兴祖的三万人马打败扩廓帖木儿八万人马不太可能,但是扩廓帖木儿所部多为元军精锐野战骑兵,欠缺攻城能力,所以孙兴祖守住北平城一段时间,问题不大。

相反,明军十多万人攻击太原两万守军,徐达、常遇春善于攻城,拿下此城,问题不大。两相算计下来,扩廓帖木儿拿不下北平,徐达夺得了太原。徐达决定与其回救北平,不如围魏救赵,直扑太原。即使扩廓帖木儿率军回救,他也丧失了依托之地,再打起来,明军也有把握取胜。

《孙子兵法》上说:"夫庙算胜者,得算多也,未战而庙算不胜者，得算少也，多算胜，少算不胜，而况于无算乎。"扩廓帖木儿和徐达这两位顶级高手的较量，从彼此的"庙算"①开始。两相比较，扩廓帖木儿的计划明于知彼，对明军的判断十分准确，却忽略了自己部队缺乏攻坚能力的基本情况，也小看了孙兴祖这三万守军的战斗力。徐达的计划对双方情况的分析更为深入，对明军的战斗力也更为了解，更重要的是太原是扩廓帖木儿唯一的依托之地，而徐达除北平，还可以依托汴梁转运粮食，补给全军。由此看来，双方虽然庙算能力都很高，但徐达这次更胜一筹。

计划再好也需要执行，接下来双方要在战场上展开下一轮较量。大元帝国最后的希望扩廓帖木儿和大明帝国开国名将徐达此生第一次对决就围绕太原开始。

第二节 太原大战 一败扩廓

洪武元年十一月底，徐达奉命出征太原。他传令汤和、冯胜合兵一处，按照朱元璋的命令，以冯胜为主将，汤和为副将，率领五万人马从沁州向北攻向太原。徐达、常遇春率领七万人马自真定出发，由井陉关向西攻向太原。韩札儿手上只有两万人，他就是韩信转世也挡不住这十二万大军的夹击，他只能一边退守太

---

① 对战事的总体谋划。

原，一边向扩廓帖木儿告急。

十二月初，徐达、常遇春与冯胜、汤和在太原城下会师，十二万明军齐聚太原，将韩札儿的两万人围在太原城内。徐达命汤和统一指挥五万人马，分路构筑工事将太原城团团围住，负责围歼太原之敌，同时作为迎击扩廓帖木儿大军的预备队。汤和遂将其中三万人马分成六卫，其中两卫抢占太原城西南的蒙山高地，负责围城，将其余两万人集结在太原城北作为全军预备队。徐达令冯胜率领本部两万人马负责掩护东西两条补给线。冯胜选定榆次作为屯粮基地，自己亲自率领一万人马作为机动部队，随时消灭邻近的元军散兵游勇。

常遇春、傅友德各率一万重骑兵在太原以北忻州到阳曲的道路上来回巡哨，侦察扩廓帖木儿军的动向，徐达亲自统率三万精锐在太原城北三十里构筑坚强防线，防备扩廓帖木儿回军。

一切安排停当，整个太原城已经被围得水泄不通，这里成了徐达用来钓扩廓帖木儿这条大鱼的诱饵。

十二月二日，扩廓帖木儿兵马抵达保安州。此地距离怀来不过五十里，距离土木堡不过七十里，距离居庸关也不过百里。只要过了居庸关天险，北平就近在眼前了。

不过就在这一天，扩廓帖木儿接到了太原城韩札儿的求救信。

扩廓帖木儿此时兵马已经全部在塞外，他不止攻北平和救太原这两个选项，还可以干脆选择退往上都开平与元顺帝会师，然后一并撤回塞北草原，积蓄实力。

元军是进是退还是撤，扩廓帖木儿拿不定主意。倘若扩廓帖木儿要继续进攻的话，孙兴祖已经派出燕山两卫一万人马出守居庸山口，另外两万人守在北平，而且据消息康茂才等部水师已经有三万人马即将押运大量粮草从海路赶到直沽镇，算上这拨人马，他的八万人就要面对六万明军。太原存粮最多只能支持三个月，这段时间内，扩廓帖木儿没有完胜的把握。一旦太原丢了，徐达、常遇春回到北平，他就只能撤了。如果他决定撤往上都开平，他就必须要面对他最不想面对的元顺帝、皇太子和皇后。扩廓帖木儿根本不会这样选择。

那么似乎只有回救太原这一条路了。扩廓帖木儿犹豫了，他非常清楚这时候回师去救太原的话不光是前功尽弃，急驱五百里回师很有可能被以逸待劳的徐达邀击，那时不仅太原必将失守，而自己这八万人马都有可能全军覆没。

扩廓帖木儿犹豫之间，部将豁鼻马坚决主张会师救援太原，甚至强调如果扩廓帖木儿不愿回军，他就自己带领所部四万人马去太原和徐达拼命。这位豁鼻马原是元廷太原守将关保麾下的一位中级军官，当初元廷内斗，关保是受太子委派率军攻打扩廓帖木儿的一员战将，结果关保反被扩廓帖木儿杀死，太原也被扩廓帖木儿强占，他麾下的部队也被收编，豁鼻马就是此时投降的。后来元顺帝下诏恢复扩廓帖木儿官职，太子也把豁鼻马升了官，以此让他监视扩廓帖木儿。

扩廓帖木儿非常清楚豁鼻马为何坚持要回军太原：豁鼻马部原属关保的四万人马大都长期定居在山西一带，他们的家眷、财产都在太原附近，所以他们得知太原危急后，极力要求回援，豁鼻马只是其中代表。

本就犹豫不决的扩廓帖木儿见豁鼻马如此坚决，也就同意了。因为他的主力部队中五万人马被弟弟脱因帖木儿在洛阳消耗大半，两万人马在韩札儿手里守太原，目前这八万人马里只有四万人能够完全听自己指挥。如果分兵，必然被明军各个击破，全军回援，或许还能侥幸成功。

洪武元年十二月三日，原本已经前进到保安州的扩廓帖木儿回军太原。这一切都在徐达的计划之中。扩廓帖木儿和豁鼻马率领五万骑兵昼夜兼程，五天后赶到太原城下。心急如焚的扩廓帖木儿在太原以北和傅友德的精锐骑兵碰了一下之后，就决定把部队后撤，等待自己精锐的三万重骑兵赶来，再和明军决战。

扩廓帖木儿把部队驻扎在太原城西北的天门关一线，就带着豁鼻马一起前往巡视明军阵地，两人看到明军已经完成了围城工事，仅能看到的兵力却十分强大，难说还有其他作伏兵的精锐。况且傅友德的骑兵战斗力也不在自己之下，优势并不明显，二人深感此战难有胜算。

另一边徐达得知扩廓帖木儿援军已到，亲自前来傅友德大营，并召来常遇春的一万骑兵，这下挡在扩廓帖木儿前面的明军就是徐达精练了多年的两万重骑兵，另外三万步兵距离天门关还有五十里，需两日才能赶到，在蒙山的汤和部距离更远，所需时间更长。

明军在扩廓帖木儿正面只有两万骑兵，步兵还没来得及赶到，明天天亮和元军对战的话根本不可能有胜算。

就在徐达感到兵力不足，有些紧张的时候。他接到了两个情报，第一个情报是常遇春麾下指挥郭英带回来的侦察情报，扩廓帖木儿的大营驻扎十分随意，五万骑兵竟然没有安排侦察哨，营区守备力量不足，可以考虑夜袭。徐达听到常遇春转述的情况，感觉有些不可思议，扩廓帖木儿也是一代名将，难道连扎营都不会？第二个情报是扩廓帖木儿的部将豁鼻马派人送来请降的文书。听到豁鼻马请降，徐达这才明白，自己面对的不是扩廓帖木儿的精锐，而是四万准备投降的敌军，怪不得营都扎不好，原来是根本不想再打了。

豁鼻马为什么此时选择投降？这是他经过反复权衡之后做出的决策。首先，元大都的陷落让他们感觉大势已去，明军获胜之势已经不可能逆转。其次，豁鼻马和他麾下这四万人马的家都在太原，当初投降扩廓帖木儿就是因为他占了太原，现在眼看太原马上就要被明军攻陷，不投降的话，自己的家人、财产都得不到保障。即便这仗跟着扩廓帖木儿打赢了，自己的家大概也毁了，到时候明军反扑，自己肯定守不住，还要跟着扩廓帖木儿到塞外亡命。最后，徐达统率的明军自北伐以来对于投降元军待遇不错，基本可以保全家人、财产。所以豁鼻马算来算去，与其死拼，不如投降。

徐达搞清楚了这个情况，立即采纳常遇春和郭英的建议，对扩廓帖木儿发起夜袭。古往今来，大兵团作战一般是不会采用夜袭的。因为夜间作战，如果没有内应引导，在敌方营地里根本分不清敌我，甚至分不清方向，容易形成混战。

徐达同意夜袭，主要是因为豁鼻马这四万降兵当内应。这样一来，双方兵力对比完全倒转，徐达这边两万骑兵，敌人总共就五万人，有四万人当了叛徒，扩廓帖木儿剩下的一万人根本没法打。徐达令郭英率领五十人跟随豁鼻马的使者进入元军大营，举火开炮为后续大军进攻指引方向，常遇春、傅友德率领一万精锐重骑兵先行冲锋，徐达率领另外一万骑兵，在后面接应。

当天夜里，郭英按照计划潜入元军大营，放火、放炮为常遇春、傅友德指引方向。豁鼻马一边派人引导明军攻击扩廓帖木儿中军，一边自己带着五百壮士前往扩廓帖木儿大帐，准备抓了扩廓帖木儿邀功。元军营中一片混乱。

而此时，扩廓帖木儿听见外面一阵人喊马嘶。他不敢相信，已经稳占优势，且一向用兵谨慎的徐达竟然会用夜袭这种冒险的战法。他来不及细想，连忙穿靴子准备跑，刚穿了上一只，就发现豁鼻马带着四五百人气势汹汹地冲了过来。扩廓帖木儿立即明白这是自己人叛变，顾不得另一只脚没穿上靴子，在亲兵的掩护下跑到后帐，于一片黑暗中骑上了一匹瘦马，带着十八个亲兵向北方忻州逃去。

主帅逃了，四万人降了，剩下的一万人根本没有再打的必要，要么跟着投降，要么自顾自逃命。常遇春杀到大帐准备活捉扩廓帖木儿，结果发现人跑了，他亲自带上一千骑兵向北猛追过去，一直追到忻州都没有赶上，只能悻悻收兵。

扩廓帖木儿立即派人传令自己刚刚赶到雁门关的三万精锐铁骑，转进大同，自己带着这批精锐退往河套地区。韩札儿得知扩廓帖木儿援军全军覆没，豁鼻马率四万人投降，希望破灭，连夜带着亲信数十人突围投奔扩廓帖木儿，太原守军投降，太原城被徐达攻占。

徐达进入太原后，派傅友德率军进攻朔州，将扩廓帖木儿赶走，派其余诸将分别平定山西剩余州县，至洪武二年正月，徐达控制了除大同以外整个山西。他下一步准备按照朱元璋的命令向西攻击陕西。

太原大战以徐达大获全胜而告终。双方在兵力上相当，扩廓帖木儿相较于徐达的优势在于地理方面，他掌握了太原地势较高的地方，战役开始时，他就利用地形在晋东南击退了汤和的进攻，此时徐达主力在真定和汤和、冯胜的部队被井陉口隔开，两个方向明军兵力对元军都不占优势，如果扩廓帖木儿此时集中全部兵力南下，很有可能顺势击溃汤和、冯胜，再利用井陉口挡住徐达，即使不能胜，也可以和明军长时间周旋下去。

可是，此时扩廓帖木儿却突然放弃太原，主动把八万主力调到了远离太原的大同，试图以此地为基地，夺回北平。这就把原本非常有利的战役态势主动放弃了，自己的大本营太原兵力不足，给了徐达从真定直接攻向太原的机会。这不能不说是扩廓帖木儿战略上一个重大失误。

不过他的这个失误也是由扩廓帖木儿的地位决定的。他和徐达相比，最大的问题是没有真正得到元顺帝的授权。元顺帝自己带着七八万人，包括最精锐的怯薛军就在开平，却不给打到保安州的扩廓帖木儿一兵一卒。

具体战役进程中，扩廓帖木儿最大的失策是没有料到豁鼻马竟然会投降。他自己作为一个老家在河南的汉人都愿意为大元朝廷效死，而豁鼻马作为世受国恩的蒙古贵族竟然要投降，这个事情任谁都不能未卜先知，徐达事先也没有料到。这是战役进程中的一个偶然性因素。不过两位当世名将面对这个偶然因素时，都明确果断地做出了反应。徐达利用豁鼻马的投降，发动夜袭，只一晚上彻底击溃了对手，拿下了太原。扩廓帖木儿面对险境能够迅速决策，撤退后迅速指挥其余部队展开布防，也是名将风范。

徐达此战中在战略上无可挑剔，在战役指挥上也充分利用偶然性因素迅速取得决定性胜利。不过，这还只是徐达和扩廓帖木儿两人之间的第一回合较量。此时大元帝国已经变成北元政权，能用之人屈指可数，所以元顺帝得知扩廓帖木儿兵败太原，并没有下诏怪罪，反而正式下诏让他统领西北兵马，准备从西北反攻。

洪武二年二月，徐达让常遇春率军夺取大同，自己统率主力部队向西渡过黄河，集结各路征西大军从蒲城、潼关两个方向攻向奉元，准备新一轮大战。

第三节　兵伐三秦　攻克陇东

洪武二年三月，元将张思道放弃奉元逃向庆阳，元军主将李思齐逃往凤翔，徐达兵不血刃夺下奉元，改名西安。

三月中旬，常遇春夺下大同后，率领骑兵精锐赶来西安和徐达会师，此时明军主力十五万人已经云集西安。徐达、常遇春留下耿炳文率五万人马留守西安，负责后方防守，并整顿粮道，徐、常二人则率主力十万准备进攻凤翔李思齐。耿炳文干得非常出色，他不仅安排好了西安的防守，还在关中泾阳兴修水堰，疏通河道，积极为西征大军输送粮饷。

有了这么一位强力后勤助手，徐达、常遇春放心前进，不出十日，兵马已经抵达凤翔城下。李思齐麾下有五万精锐人马，都是当年跟着察罕帖木儿从河南走出的精兵，但面对在山西一举击溃扩廓帖木儿的徐达、常遇春，李思齐自认难以对抗。他率军逃往临洮，准备等徐达退了再卷土重来。徐达、常遇春十万大军再次兵不血刃，拿下凤翔。

四月，明军主力云集凤翔，徐达发现李思齐五万人马在临洮，处在凤翔西北，张思道三万人马在庆阳，处在凤翔北，两个地方距离凤翔都有五百里左右，明军只有十万，如果同时进攻两地，兵力一定不足，所以必须先考虑清楚先打庆阳，还是先打临洮。

当时李文忠等刚被调到前线的将领都认为，李思齐之所以退兵临洮就是吸引明军前往攻击，这样明军的补给线将进一步拉长五百里，庆阳张思道这时如果大举南下，明军补给线必将受到威胁。如果在河套宁夏一带休养生息的扩廓帖木儿此时继而出兵支援李、张二人，明军将被迫在不利的环境下与敌人决战。既然如此，不如先集中兵力攻打张思道的庆阳，这样一来可以在大军西进时消除侧翼隐患，而且庆阳相较于临洮距离西安要近得多，还有一条泾水连通关中平原，方便西安耿炳文转运粮食。

应该说，这个方案符合徐达一贯用兵谨慎的特点，能够发挥明军的兵力优势以强击弱，稳稳获胜。不过徐达这次却没有采用这个方案，而是决定先攻临洮再回军攻取兵力更多、距西安更近的庆阳。

他这样做的原因有三个。其一，李思齐已经没了斗志，准备投降。朱元璋在洪武二年三月就让徐达派人给李思齐送了一封亲笔信，劝他投降。信里面，朱元璋提醒李思齐天下大势已定，他如果一路逃往塞外，那些跟随他多年祖籍在河南的将士们，很有可能暗中对他下手，取他性命。接着又告诫李思齐，他和扩廓帖木儿不同，扩廓帖木儿至少母亲是蒙古人，还有察罕帖木儿这个舅舅、义父，李思齐这个汉人一旦逃到塞外，失去部队的他在北元朝廷里也不可能得到认同。信末尾，朱元璋先恭维李思齐是"汝南精英"，又提醒他家中坟茔都在河南故土，如若来归，必以礼相待。

朱元璋这番话是说到了李思齐心坎儿上的。他是河南罗山人，早年跟随察罕帖木儿纵横北方，察罕死后，他自成一军，割据三秦，在元末群雄中也算一号人物，结果被晚辈扩廓帖木儿统率，又被徐达从西安一路赶到临洮，裂土称王的梦想早就破灭了。已经征战近二十年的李思齐只想能够叶落归根，回老家去。

其二，张思道对于作战更为积极，而且不断派人联络在河套、宁夏一带的扩廓帖木儿。张思道早年也跟随察罕帖木儿，讨平北方红巾军李喜喜等部。他为人狡猾善战，他弟弟张良臣更是凶悍，麾下七个养子，个个善于使枪，时人称之为："不怕金牌张，惟怕七条枪。"他和李思齐不一样，他虽然暂时退居庆阳，但心里想的是坚持备战，还想继续和明军决战到底，依靠扩廓帖木儿再争天下。所以应当先拿下临洮，给张思道部以心理上的打击。

其三，从战略位置上看，庆阳城池小而坚固，百姓稀少，大军难以获得给养，自身想再次发展起来也比较困难，只适合暂时固守。临洮就不一样了，此地自三国时代就是连通河西走廊各族的战略要地，人口众多，物资储备丰富，可以迅速招募一支混合联军。当年，蜀国大将军姜维九伐中原就曾多次针对临洮地区与魏国名将邓艾展开争夺。

这样看来众将先攻庆阳，很可能陷入攻坚的泥淖，而张思道又不肯投降，一定联合扩廓帖木儿来战，而且离他不远的兰州城里住着北元豫王等王室成员，虽然兵力不多，但也是一股威胁。到时候明军困在庆阳城下，补给困难，北面扩廓帖木儿杀来，西面李思齐再压过来，就危险了。

反过来，明军现在速速攻下临洮，李思齐陷入孤境，大概率会投降，他这五万人马投降，兰州豫王兵力不足为患，可以轻松剿灭。到时候北元军军心必大乱，大军再回师攻击庆阳，张思道再凶悍也顶不住十五万明军的攻击。

看来此时徐达的战略谋划水平已经从伐谋上升到攻心，他不但清楚了解战场形势，还能

西进兰州

通过分析对方主帅的心态，利用自己的军事行动直击对方心理，迫使对方服从自己的意志。

明军众将全部叹服，遂依照徐达部署开展行动。汤和统率两万人马固守凤翔大本营，防备张思道南下凤翔。傅友德部一万人马攻击陇州，既可作为侧位据点掩护大兵团西进的右翼，又可做出佯攻平凉，切断庆阳、临洮联系的假象，吸引北元军注意力。主力六万人马，以冯胜统率一万精锐骑兵为先锋，沿着当年张郃破马谡的故道，攻击秦州。

明军进展顺利，元军一路非逃即降。四月中旬，秦州、陇州都被攻下。徐达下令冯胜继续攻击巩昌，打开临洮的大门，兵至城下，李思齐部署在这里的元军纷纷开城投降。见北元军军心已乱，冯胜率所部骑兵大胆前进，直接攻到临洮城下，不出徐达所料，李思齐率所部开城投降。徐达得到消息，派顾时统率一万人马攻击兰州北元豫王，这位王爷麾下的部队战斗力极差，很快被消灭，明军夺下兰州。徐达留下韩温统率一万人马驻守兰州，防备扩廓帖木儿反扑。

而这时北平方向发出警报：元将也速已攻破居庸关，杀到了北平城下。朱元璋决定调常遇春、李文忠增援北平，然后攻打北元上都开平。朱元璋将九万步、骑兵交给常遇春指挥，前往支援北平孙兴祖。

徐达认为他的老搭档常遇春此番单独领兵出征，九万大军加上北平驻军已经超过十万，必定可以打败也速等人，攻克北元上都。但是他对一件事不太放心，临分别时，特意跟常遇春交代了他当年在围攻元大都北平城时，为何故意将元顺帝放走。原来当年北伐前，徐达曾就这个问题专门问过朱元璋，是否要将元顺帝一股赶尽杀绝。朱元璋暗示徐达把元顺帝放走，不需要穷追不舍。如前文所述，朱元璋一直认为大元帝国也是中华正统，他的大明帝国继承了大元正统，抓住了元顺帝反而不好处理，只需要将他们赶回塞外，双方各自守住疆土即可。徐达此时特意转告老搭档，就是提醒他不要一门心思老想着立功，还要注意政治上的影响。

徐达这番话常遇春应该是没听进去。性如烈火的"常十万"终于当了一次主帅，攻势极猛，不但一举攻下开平，还攻入了辽东一带，追着元顺帝跑了几百里才收兵，当然这是后话。看着常遇春踌躇满志的背影，徐达怎么也没想到这竟然是两人的永别。

随着李思齐投降，兰州、临洮被攻克，徐达已经获得了三秦战场上的绝对主动权。虽然常遇春带走了六万多人，不过李思齐部五万人投降，徐达把他们大部分安置在凤翔、西安，基本弥补了汤和、耿炳文两部人马的缺口。

洪武二年五月，徐达留下三万人马驻守河西，自己统率四万人马经过会宁，翻越六盘山，攻下萧关，仍以冯胜为先锋，攻克平凉，准备直指庆阳。另调汤和所部一万人马自凤翔大本营，经过泾州前来会合，同时补给粮秣军械。张思道跑到扩廓帖木儿处求援，被扣住，他弟弟张良臣感觉缺少外援，抵挡不住，就暂时向徐达请降，等待时机。

冯胜在高邮的时候就被敌军诈降骗过一次，这次朱元璋、徐达在进兵庆阳前曾经专门叮嘱过防范敌军诈降，面对张良臣的投降，冯胜异常谨慎。他派手下薛显带五千骑兵前往受降，自己带了五千人马在后面接应。可惜冯胜有准备，薛显却很大意。他见张良臣先是献土地人口账册，又送给他私人宝马良驹和许多财物，最后又趴在路边亲自迎接。一路已经赢习惯了的薛显放下戒备，带兵大摇大摆地来到庆阳城下。此时天已经快黑了，张良臣突然翻脸，领兵袭击明军军营。薛显猝不及防，全线崩溃，自己仓皇逃回冯胜大营。

冯胜大为恼火，向徐达写信，要求坚决剿灭这股残敌。洪武二年六月，徐达拿出当年围攻张士诚太平城的战法，派出冯胜、傅友德、顾时等将分兵攻略庆阳四周的乡里，断绝其补给来源。张良臣见徐达亲自来攻，也决定跟明军拼命，他麾下"七条枪"一并杀出。徐达这边也都是悍将，冯胜、傅友德亲自带领铁甲骑兵两翼冲阵，徐达又以火枪队开路，"七条枪"瞬间折了六条。张良臣这才明白自己的悍勇只是坐井观天，根本不是明军的对手，只能撤回庆阳固守，等待扩廓帖木儿的援兵。

洪武二年七月，扩廓帖木儿派得力干将韩札儿率领一万精锐铁甲骑兵，配上三万匹战马，从宁夏渡过黄河，袭扰明军补给线。韩札儿先拿下了原州，切断了徐达和平凉方向的联系，而后他并没有直接率兵增援庆阳，而是绕道南下一举攻下泾州，明军退保灵台，韩札儿切断了徐达和凤翔方向的联系。

此时徐达两条粮道被断，只剩下耿炳文从西安经宁州的补给线依然畅通，开平前线又传来常遇春在班师途中暴毙而亡的噩耗。紧接着接替常遇春的李文忠在率军西援庆阳前线的途中，又被大同方面北元军阻滞，无法及时赶到。

一时之间横扫北方的徐达竟然被困在小小庆阳城下，动弹不得。这和徐达预想的情况完全一致，如果当时先攻此处，在三秦的战事必然因此全盘崩坏。徐达见状便准备把一万精锐重骑兵集结起来，利用骑兵决战，击退扩廓帖木儿的援兵，断绝庆阳城求援的念想。冯胜主动向徐达请缨，率部前往攻击韩札儿。徐达同意了他的请求，冯胜和傅友德率领一万明军重骑兵在庆阳西南的驿马关集结。

徐达判断韩札儿必然攻击灵台，而后进攻宁州，切断明军最后一条补给线，便令冯胜从驿马关南下先解灵台之围。冯胜、傅友德率军赶到灵台，韩札儿见明军重骑兵赶来支援，自己深入敌后作战，不敢硬拼，率军向北经宜禄站退回泾州，而后转进宁夏，全师而退。冯胜、傅友德也在战略上彻底断绝了庆阳的援兵。

庆阳城里坚持到了八月，张良臣在城楼向徐达喊话表示愿意投降，可明军没人再信他，依然将城池死死围住。城中粮食断绝，已经到了吃泥土的惨境。张良臣的手下为了自救，私下打开北门投降明军。明军杀入庆阳城中，张良臣父子投井不死，被拉出斩首，三秦大地尽数纳入大明帝国版图。

第四节　兰州决战　再败扩廓

明洪武二年五月至八月庆阳之战后，九月徐达率明军主力返回平凉驻扎，准备来年开春进攻盘踞河套、宁夏的扩廓帖木儿。

就在九月间，朱元璋召徐达、汤和回京，陕西兵马交由冯胜总领。朱元璋这时候召回徐达、汤和等老将，是要兑现北伐前大封功臣的承诺。这年正月，朱元璋下诏向几位老兄弟解释为何他当皇帝都一年了还未大封功臣："班师还朝，未有定赏，以大将军等灭元未还故也。"本来以为三秦的元军很好对付，谁也没想小小庆阳城竟然撑了四个月，加上这年七月常遇春又突然暴毙于北征开平班师途中。朱元璋十分后悔，认为分封功臣的事情已经不能再拖了，必须尽快落实，让这些常年征战的老伙计们得到应有的地位。

可是情况不允许徐达离开。洪武二年十二月，他前脚刚走，扩廓帖木儿经过一年休整，集结整个河西走廊和西域方面全部北元军约十万人马，开始围攻兰州。明军守备巩昌的指挥使于光率军前往解围，兵败被杀，整个明军西线开始动摇，冯胜派人向朱元璋求援。

扩廓帖木儿是公认的北元第一名将，能和他匹敌的只有大明第一名将徐达。于是刚刚回南京待了个把月，还没来得及讨论完封赏，徐达再次领兵出征。

这次朱元璋为击破北元，决定兵分两路出击。由徐达、邓愈、冯胜统领西路军十五万人，从西安出发解兰州之围，击破扩廓帖木儿。李文忠、汤和统领北路军五万人马，从北平出塞，去追击北元朝廷残余势力。

正月中，徐达、邓愈统领十万明军在汴梁开始集结。二月，全军经过洛阳进兵西安。为了了解战场情况，徐达令冯胜从西安前出至凤翔，集结麾下陕西驻军五万人马，同时派扩廓帖木儿故人李思齐前往劝降兼探察虚实。

李思齐刚到北元军处，被以长辈之礼相待。可扩廓帖木儿一心想继承他养父察罕帖木儿只手擎天的伟业，和只想落叶归根的李思齐根本说不到一起去。李思齐在元军中待了几天并无进展，决定回去向徐达复命。扩廓帖木儿也依照蒙古礼仪派五百骑兵送行。走到半路，护卫头领突然向李思齐转达将令，让他留下点"礼物"来好回去复命。李思齐没听懂，就漫不经心地推托路太远，没带东西。可那护卫头领依然不依不饶，只淡淡地说了一句，没带东西不要紧，留下一条胳膊也算数。李思齐知道这实际是扩廓帖木儿想要他的性命，如不从也是死路一条，他只得自断一臂献于扩廓帖木儿，而他回到营中于不久后伤重去世。

劝降没结果，只能死战了。

三月，徐达、邓愈、冯胜十五万大军进至凤翔。汇总多方面情报，此次扩廓帖木儿十万大军为北元最后的精锐，包括从西域调来的三万精锐骑兵、扩廓帖木儿本部三万铁甲骑兵和两万新募骑兵，还有北元分布在河西走廊和河套地区的诸位亲王的两万多人，其中战力较强的就有八万之多。

徐达看到，北元十万大军包围兰州，击破明军指挥使于光援军之后兵势一度很盛，可之后几个月，北元军既没有办法破兰州城，又不敢放弃兰州城南下夺取临洮，还不敢东进安定。他认为扩廓帖木儿的战法已经转为传统游牧骑兵的方式，以抢掠为主，并不敢深入。此时明军万不能急,可以整顿好后方补给线,以凤翔为基地,经秦州、巩昌转向安定,依托车道岘山谷险道设防,再向兰州稳步推进。

三月下旬,明军开始西进。临出发前,徐达了解了整个陕西后方补给的情况:耿炳文前一年屯兵西安期间积极屯粮,可保障十五万大军六个月之需的粮草,加上汴梁的积极调配,预计九月秋粮入库后,还可再补充三个月军需。

见后勤如此妥当,徐达便带上大军按照既定方案向兰州前进。

而扩廓帖木儿所部现在的问题很大。北元诸王那两万多人根本没有战斗力不说,还仗着王爷的身份在扩廓帖木儿面前耍威风,不服从指挥;西域调来的部队战斗力虽然不错,语言却不通,彼此之间的指挥系统无法交流;自己新征募的两万人战斗力也不强,唯一靠得住的还是跟随自己征战四方的三万重骑兵。所以扩廓帖木儿不肯把这支部队消耗在攻城战上,决心向徐达学习,靠断绝粮道,逼迫明军投降。

四月,徐达、邓愈、冯胜按照既定计划赶到安定,距离兰州不到一百五十里,先头部队傅友德已经冲到车道岘山口,距离兰州不到百里。

扩廓帖木儿侦察得知徐达已经逼近,果断放弃对兰州的包围,全军转进金城,在车道岘山谷谷口的沈儿峪布防,阻挡傅友德骑兵。沈儿峪具体地点已经不可考证,大体推断在车道岘山谷北方谷口处约三里的一处谷地。扩廓帖木儿在此扎营,以自己的三万精锐重骑兵为中军,诸王的两万人马为后备,驻防全军后勤和家眷所在地金城，同时警戒兰州守军。三万西域部队由韩札儿统率为右翼，两万新募部队由脱因帖木儿指挥为左翼，摆开阵形，严密布防，把明军堵在车道岘山谷之中，让其无法展开。

傅友德先头部队刚出山谷，就碰到在沈儿峪布防的扩廓帖木儿。傅友德见敌军布阵严整，自己兵少不敢贸然攻击，一面向徐达报告，一面也在沈儿峪对面山上扎下营寨，寻找水源，等待大军到来。

徐达接到傅友德报告，留下冯胜五万人马守住定西，确保自己的补给线，以胡大海之子胡德济指挥左翼两万人马面对韩札儿布防，右翼邓愈三万人马面对脱因帖木儿布防，自己率中军四万面对扩廓帖木儿布防，傅友德一万骑兵为机动队，全军也在沈儿峪一线展开，在阵地前挖掘深沟，警戒对方骑兵突袭。

扩廓帖木儿在沈儿峪山上，望见徐达大纛，心知宿敌已到面前，成败在此一战。

四月头几天，双方隔着壕沟相互射箭、放炮，各有伤亡，但彼此都明白这只是相互试探，真正的大战还没到来。

扩廓帖木儿发现明军的后方由傅友德的一万精锐骑兵随时掩护，粮食军需源源不断从凤翔一路运输过来，反倒是自己这边粮草军需并不能得到充分保障，继续相持下去，自己不是徐达的对手。他只能强攻决胜。经过几天试探，他感觉明军中军徐达和右翼邓愈都不好对付，反倒是左翼胡德济不但兵力最弱，指挥能力也不强，决定以这个方向为突破口，对明军发起总攻。

当天夜里，扩廓帖木儿把韩札儿与脱因帖木儿召到大帐商议明日行动,决定自己亲自统率一万精锐重骑兵,走小道绕往胡德济营垒背后,韩札儿统率本部三万西域骑兵正面吸引对方注意力,脱因帖木儿统一指挥自己留下的两万重骑兵和本部两万新兵,佯攻徐达、邓愈吸引明军注意力。

第二天拂晓,脱因帖木儿指挥的佯攻率先开始。先头一万北元军骑兵摆开二十个环形阵,用重弓隔着堑壕向明军左中右三座大寨不间断射击。徐达意识到这是元军总攻的前奏,立即下令全军戒备,火枪手依托工事,向北元军骑兵还击,刚刚从西安转运而来的火炮也随时准备开火,应对密集的重骑兵冲锋。

脱因帖木儿将扩廓帖木儿大纛转向自己所在的北元军左翼,准备重点攻击邓愈指挥的明军右翼。邓愈当年在洪都面对陈友谅六十万大军都毫无惧色,如今脱因帖木儿的攻势对他来说并不是大场面,他从容指挥火枪手和步弓手在大盾步兵掩护下还击,双方处于远距离交战,声势虽大,伤亡不多。

徐达一直稳居中军,登高观望元军从全面进攻转为重点进攻己方右翼。他对邓愈有信心,感觉扩廓帖木儿不会如此幼稚攻击自己最善于防守的将领,此举必是佯动。徐达传令傅友德一万重骑兵集结中军左翼,每百骑为一队,全部换上重甲,以铁锁连环,准备集团冲锋。

果然,韩札儿三万西域骑兵在脱因帖木儿转向邓愈之后,立即以三百骑兵敢死队,冒着明军的火枪弓箭,用铁链拴起炸弹掷向明军战壕。这些炸弹是当时阿拉伯世界特有的烟幕弹,瞬间明军左翼胡德济面前升起一片烟尘,短时间里无法看清来敌。

利用这段时间，韩林儿命后面的一万骑兵驱赶三千头骆驼直冲壕沟，每头骆驼身上绑着数袋土，效仿成吉思汗当年攻城办法，瞬间填平了胡德济军工事前的战壕。之后，这一万骑兵向两翼散开，五千手持大马士革弯刀的重甲骑兵冲破明军工事外围，杀入胡德济阵地。

胡德济没见过这阵仗，对方犹如从沙尘中冲出的魔鬼，大杀四方。他被吓得惊慌失措，带头逃走。就在此时扩廓帖木儿的一万重骑兵从东南赶到战场，向已经动摇的明军左翼发起冲锋。胡德济部彻底混乱，麾下几位中级指挥军官也放弃营垒逃走。

徐达虽然料到了扩廓帖木儿有后招，却没想到对手来得这么快，攻势这么猛，他立即传令邓愈一面应对脱因帖木儿攻击，一面代替自己指挥明军中路。徐达亲自统率三万明军，向突入其左翼的扩廓帖木儿发起反击。

徐达移动中军火炮，向元军发起轰击。西域部队很少遭遇火炮，只见一炮在密集的骑兵队形中央爆炸，十多个人都被炸得血肉模糊。眼见明军炮火厉害，韩札儿不敢再派出密集队形发起冲锋。

徐达等的就是这个时刻，他将自己军旗交给傅友德，让他把已经连环锁好的重甲骑兵投入战斗，攻向阵形散乱的元军右翼韩札儿部。骑兵冲击需要排成尽可能密集的队形才能发挥最大的冲击能力，傅友德的铁甲连环马以密集队形直冲阵形散乱的西域军，瞬间将这支部队冲散了架。

徐达自己亲率三万步兵以密集的长枪、盾牌，掩护火枪向元军发起猛攻。明军经过多年作战，配合默契，扩廓帖木儿和韩札儿的部队彼此语言不通，无法配合作战。眼见西域军已经呈现败象，扩廓帖木儿只得把自己的嫡系部队集结起来，交替掩护撤回己方大营。徐达虽然保住了几近崩溃的左翼，但损失也不小，下令傅友德停止追击，解开连环马铁链，撤回己方阵地。

经过一天激战，双方各自损失数千人。晚间，冯胜亲自带着两万人马押送大批粮草军需赶来定西前线，徐达让他接替被撤职押送南京法办的左翼主将胡德济，指挥明军左翼。

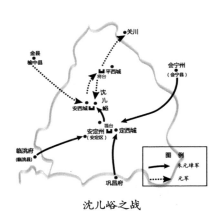

沈儿峪之战

徐达连夜召集众将商议，大家都认为元军多是雇佣兵和新兵，战斗力最强的就是扩廓帖木儿中军，只要集中兵力从中央突破，定可大获全胜。徐达则认为中央突破只能击溃敌军，他决定集中兵力于两翼，攻击韩札儿和脱因帖木儿，然后包抄扩廓帖木儿中军，力求全歼敌军。

第二天拂晓，徐达下令将昨天左翼带头逃跑的几个指挥阵前斩首，以正军法。冯胜率领三万人马攻击韩札儿，邓愈指挥三万人马攻击脱因帖木儿，傅友德一万重骑兵连夜奔袭元军金州大本营。徐达率中军五万人马佯装中央突破，吸引扩廓帖木儿中军。

明军以火炮掩护开始进攻。北元军昨天经过一天血战，原以为对手至少要休息几日，没想到明军只睡了一觉，立即发起反击。当一个个刚刚睡醒的北元军士兵，看着对面黑压压的步兵方阵伴随着火炮向自己冲来时，顿时斗志大减，只能龟缩在防御工事内以弓箭还击。

徐达见状传令冯胜、邓愈两路不要强攻元军营寨，以兵力、火力优势将对手压制后，向两翼展开迂回。扩廓帖木儿在中军看见徐达指挥明军总攻后，立即反应过来这是要利用兵力、火力优势从两翼包围自己，他将陷入被全歼的危险，马上传令韩札儿和脱因帖木儿反击，与明军贴身肉搏。

可北元军右翼韩札儿的西域骑兵昨天损失不小，这批人多是为了钱财而战的雇佣兵，见明军声势浩大不敢发起反冲锋。左翼脱因帖木儿的新兵更是被明军吓得已经丧失斗志，根本约束不住，更不要说反击了。

结果北元军左翼脱因帖木儿先崩溃了，两万新兵四散奔逃，脱因帖木儿制止不住，向哥哥扩廓帖木儿紧急求援。徐达见敌人左翼已经崩溃，立即派出一万兵马加强邓愈方面攻势，自己率领中路军向扩廓帖木儿发起猛攻。

扩廓帖木儿见战线出现漏洞，只能派出一万重骑兵支援弟弟，用另外的两万人和徐达四万人交战。双方在北元军工事壕沟内外展开殊死搏斗，一直血战到中午时分。冯胜在明军左翼彻底围死了韩札儿三万西域军。韩札儿几次想指挥这些人向明军反冲锋，他们不但不听，反而临阵倒戈，绑了韩札儿向冯胜投降。

西域兵投降，使扩廓帖木儿右翼也崩溃了，三万人马已有被徐达、邓愈、冯胜合围之势。此时傅友德已经率领所部一万重骑兵攻破元军后方基地金州，北元郯王、文济王和北元军家眷也全数被其俘虏，包括扩廓帖木儿的妹妹敏敏特穆尔。

黄昏时分，傅友德的先头部队带着被俘北元军的大旗和部分女眷赶到沈儿峪战场。扩廓帖木儿这三万精兵最后的心理防线崩溃，纷纷放下武器向明军投降，扩廓帖木儿的弟弟脱因帖木儿在一片混乱中被邓愈活捉。扩廓帖木儿眼见全军崩溃，只能趁着明军包围圈还未完全合拢，带着家眷向北杀出一条血路，直奔宁夏而去。徐达急令傅友德率一千骑兵紧追扩廓帖木儿。双方一直缠斗到黄河边，扩廓帖木儿身边卫士全部战死，他带着老婆、女儿抱着一根木头渡过黄河，狼狈地逃回大元帝国的发祥地——哈拉和林去了。

残阳如血，徐达望着战场听着手下向他报告此战辉煌的战果：

擒郯王、文济王及国公、平章以下文武僚属千八百六十余人，将士八万四千五百余人，马驼杂畜以巨万计。

兰州城外的沈儿峪决战是徐达军事生涯的光辉顶点。此战他充分利用己方兵力、火力和后勤统筹上的优势，逼迫扩廓帖木儿在不利的情况下和自己决战，而后统率明军连续两天血战，彻底歼灭了北元在河西走廊和河套地区的主力。

经此一战，扩廓帖木儿麾下的精兵猛将全军覆没。扩廓帖木儿这根北元帝国的擎天柱，在哈拉和林和被李文忠击溃的元顺帝太子爱猷识理达腊会合，两位被明军打得丢盔弃甲的宿敌，在成吉思汗兴起地冰释前嫌，决定齐心协力，复兴大元。

洪武三年（1370）十一月，徐达率领北伐大军返回南京，朱元璋亲自到郊外迎接这支凯旋之师，随后按照承诺大封功臣。徐达被授予"开国辅运推诚宣力武臣，特进光禄大夫、左柱国、太傅、中书右丞相参军国事，改封魏国公，岁禄五千石，予世券"，为大明帝国开国第一名将。朱元璋还下旨给徐达建造府邸，提名"大功坊"。三十八岁的徐达已经位极人臣，而接下来漠北还有一场恶战在等着他。

第九章 将军卫国 铁骑出塞

洪武三年十一月壬辰日，大明征虏大将军徐达在定西沈儿峪大破扩廓帖木儿，回师南京，朱元璋亲自出迎。此战胜利标志着大明帝国基本肃清了北元在长城内的势力。丙申日，朱元璋大封功臣，徐达作为武将之首，受封魏国公。

为肃清北元残余势力，洪武五年（1372）正月，徐达受命从雁门出塞，追击扩廓帖木儿至土剌河。双方第三次交锋，徐达先胜后败，损失数万人。危急时刻，徐达镇定自若，指挥大军退回居庸关内。此战后，徐达再未经历大战。

第一节　开国公爵　功臣之首

作为大明帝国军功排名第一的武将，在洪武三年朱元璋大封的功臣中，徐达的地位无疑是最高一级，徐达在大明开国的所有文臣武将中，当得起"才兼文武世无双"的评价。

当时朱元璋封了六位公爵，时人称为开国六公，分别是：韩国公李善长、魏国公徐达、曹国公李文忠、郢国公冯胜、卫国公邓愈、郑国公常遇春之子常茂。其中李善长、徐达在此之前已经是公爵，这次再封，主要是明确二人俸禄，李善长四千石，徐达五千石。李文忠、冯胜、邓愈则是第一次进封公爵，他们三个俸禄一样，都是三千石。常遇春之子常茂情况特殊。朱元璋称吴王时，常遇春与李善长、徐达同时进封国公（鄂国公）。洪武三年大封功臣时，他已经去世，所以封了他的儿子常茂为郑国公，食禄二千石。之前朱元璋对常遇春已经有过一次追封：赠翊运推诚宣德靖远功臣、开府仪同三司、上柱国、太保、中书右丞相，追封开平王，谥忠武。

可以明显看出，这六位公爵分为两个梯队：李善长、徐达、常遇春属于第一梯队，李文忠、邓愈、冯胜属于第二梯队。

徐达还能"参军国事"，这意味着他是朱元璋在军国大事上的首席参谋，有当面和朱元璋讨论军国大事的权力，"同知军国事"的李文忠有列席最高军事会议的权力，"同参军国事"的邓愈、冯胜只有看了正式文件后写书面意见的权力。相较之下，徐达的职位在大明军队之中属一人之下万人之上，体现了朱元璋对徐达多年征伐的肯定和对他为人的高度信任。

这六位开国公爵的任职情况应该是这样的：李善长、徐达、常遇春（常茂只继承了爵位，没有继承官位）三人掌管拥有行政权的中书省；邓愈掌管拥有监察权的御史台（名臣刘伯温只是御史中丞，仍在邓愈之下）；李文忠和冯胜掌管军队管理权，分别担任大都督府左右都督。

从徐达任职的情况和他实际负责的工作来看，大明王朝初年的中书丞相继承了元朝的传统，可以统率大军与敌军作战。徐达所任中书右丞相仍掌握兵权，类似大元帝国负责灭宋的丞相伯颜和元末负责镇压红巾军起义的丞相脱脱。明朝的很多制度、政策与元朝十分相似，在很多制度上只是作出了一些更符合中原百姓需求的调整，从另一个角度来说，这也是中华文明能够延续数千年，还不断发展的内在原因。我们每一次改朝换代绝不是简单地推倒重来，而是在已有的基础上革除弊端，向前发展。

大封功臣后，徐达继续干他领兵打仗的老本行。洪武四年（1371）正月，徐达领兵出镇北平，开始大规模修筑明长城。就在这一年四月，原属北元辽阳行省平章刘益决定投降大明帝国，并献辽阳行省州、县位置及驻军分布图册。徐达收到刘益的降表和土地图册后，一面立即向朱元璋报告，一面准备从北平出兵，开始清扫盘踞在辽东的北元势力。朱元璋也想进一步削弱北元势力，稳定和统一东北。为此，他下诏封刘益为大明帝国辽阳卫指挥使司都指挥使都督同知（从一品），准备让刘益负责整个辽东的守备工作。

当时北元在辽东的力量很强大，成吉思汗麾下"四杰"之首木华黎的曾孙、曾在朱元璋攻打集庆时被俘虏后又被释放的北元太尉纳哈出就统率数十万人马。刘益投降后，手下许多蒙古贵族出身的将领对此不满，北元平章洪保保、马彦利用这些人的不满情绪，设计斩杀刘益，试图将辽东重新夺回。

而原属刘益麾下的汉人部将张良佐等人拒绝再向北元效忠，他们又杀掉马彦，重新夺回权力，洪保保率部投奔纳哈出。后张良佐等人把北元授予的印信、诏书、金牌等信物，全部上缴徐达。张良佐在托徐达转呈朱元璋的文书中特意将辽东方向北元军的基本部署情况做了介绍：北元平章高家奴驻军辽阳，知院哈剌张驻军沈阳，丞相也速驻军开元，太尉纳哈出驻军金山。这四部人马相互支援，仅凭刘益遗留下来的这点部队控制不住这么大的区域，请求大明出兵辽东，解决这些残兵的骚扰。

接到张良佐的报告后，徐达也向朱元璋发出奏章，称北平方向元顺帝逃走时人口流失较多，移民尚待安置，需要海运、漕运粮食接济，才能巩固在北平一带的边防。徐达向朱元璋报告，他已经把之前在燕山山脉活动的三万五千多户各族百姓迁往北平附近安置，填补人口亏空。

辽东方向，由于此时从北平出兵辽东的后勤补给线路并不畅通，徐达建议朱元璋从山东派出部队，通过舰队横跨渤海，部队在金州登陆，从辽东半岛向东北方向进攻，支援张良佐等人，这样既可以拱卫辽东，未来也可以保障整个燕云地区的右翼，还能将大明边防向东推进五百里。

朱元璋接纳了徐达的建议，下令重新组建辽东都指挥使司，归山东行省管辖，任命马云、叶旺为都指挥使（正二品）率军从山东出发，渡海至金州登陆。同时，为了配合这支明军跨海登陆辽东半岛，朱元璋还专门给"老熟人"纳哈出写了一封劝降信，虽然知道纳哈出必不会投降，但至少可以分散其注意力，给辽东都指挥使司渡海登陆争取时间。

朱元璋的这封信可谓有些"狂妄"：他先回顾了元末天下大乱的形势，回顾了自己几十年的起义生涯；又提出当年两人在集庆"相会"，自己俘虏纳哈出又把他放了的往事。最后，朱元璋又向这位故人炫耀了一下自己最近几年的辉煌战绩：将割据一方的陈友谅、张士诚、方国珍、明升悉数消灭；向北派徐达荡平中原，夺回北平，逼得元顺帝在逃亡途中于洪武三年患痢疾死在应昌，所谓"华夏悉定"，说出了朱元璋、徐达等人掷地有声的英雄豪气。

朱元璋突然话锋一转，提出他只是想控制辽河以西的辽西走廊地带，只要纳哈出部不主动出击，名义上向大明帝国称臣纳贡，那就可以继续共存下去。纳哈出领教过朱元璋、徐达的厉害，他收到这封信后虽然没有表态，但也没有主动出兵和明军交战。从最后的结果来看，缓兵之计的目的是达到了。

纳哈出是木华黎系的代表，木华黎系在大元帝国时代曾长期管理在辽东一带的"东道诸王"，他们的兵力在辽东北元军中最为强大，纳哈出不动手，实际上明军要面对的战斗就简单多了。

洪武四年八月，马云在金州登陆，设立金州卫，获得靖海侯吴祯海运江南粮饷的接济，九月迅速攻破辽阳，打败北元平章高家奴，而后进占沈阳，设立沈阳中卫。徐达也借机派出部分骑兵赶走山海关外的敌人，设立广宁卫，完全控制辽西走廊。随后淮安侯华云龙率军急袭开元,大破北元丞相也速,设立铁岭卫。至此辽东正式纳入大明版图。

眼见辽东战事顺利,朱元璋便认为北元自元顺帝死后,北元残部已经不成体系,扩廓帖木儿连败于徐达,纳哈出被自己一封信就制住了,也起了轻敌之心,准备乘胜一举剿灭北方边患。

就在辽东战事一切顺利之时,大明朝廷内部却起了不小的波澜。洪武四年正月,朱元璋罢免了李善长中书左丞相的位置,把徐达中书右丞相的位子给了汪广洋。徐达并不在意,他认为自己长期在外带兵,兼任中书省的职务不合适。可朱元璋既没有让他辞职,也没有罢他的右丞相,只是不再提这个位置,徐达改以魏国公、征虏大将军的身份出巡各地边防。

徐达在安顿好辽东战事后,奉命前往山西,从之前安置在太原的豁鼻马部中招募熟悉蒙古草原的骑兵,准备来年大举进攻北元,犁庭扫穴,永绝后患。而他首先要做的一件事就是为自己找一位擅长指挥骑兵的猛将帮手。此前徐达历次出征都有一位猛将为他指挥骑兵作战,他才能无往而不胜。从赵德胜到常遇春,再到跟随他转战大半河山的傅友德。这些猛将各个都擅长冲锋陷阵,勇猛无敌。赵德胜、常遇春已经身死,傅友德又刚刚统兵从秦岭南下破成都,攻灭明升,现在已经成为独当一面的大将,徐达需要重新为自己寻找一个能够指挥骑马的猛将。

这次他选择了常遇春的内弟蓝玉,命他一同前往太原练兵。蓝玉早年跟随常遇春,就连常年征战的"常十万"也都感慨于蓝玉的勇猛,多次向朱元璋推荐他。这次蓝玉刚刚跟随傅友德平定四川割据势力，在攻克绵州的战役中立下大功，得到徐达老部下傅友德的称赞。徐达也认为此人是可造之才，便把他从傅友德军中调出，到自己麾下听用。朱元璋也认为，蓝玉作为常遇春一系最有潜力的武将，定会成为大明王朝的强大助力，值得培养。

徐达、蓝玉在太原、雁门、大同一带招募了两万多蒙古骑兵之后，接到朱元璋诏书，返回南京，商讨明年的大规模北征。

徐达和扩廓帖木儿这对宿敌即将展开此生最后一次对决。

第二节　宿命对决　徐达北伐

洪武五年正月，朱元璋把徐达、李文忠、冯胜等召到宫中，按照惯例推演此次征讨北元的用兵方略。

当时面临的主要问题是，明军获取北元军事情报的能力，较之北伐之时明显下降。导致这个问题的客观原因是北元主力部队逃到其发源地哈拉和林一带，明军原本的侦察系统在茫茫大草原上难以发挥作用。徐达此番对扩廓帖木儿的情况判断，很多是来于商人之口，所以他对对手的分析也不及之前那么深入。

朱元璋、徐达战前认为北元军主力屡遭重创，其主力已经被分为东、中、西三路。东路为辽东兵团纳哈出部，约八万人马；中路为刚刚继承元顺帝帝位的爱猷识理答腊和扩廓帖木儿等部，约五到十万人马，虽经沈儿峪一战，扩廓帖木儿所部的战力已远不如明军北伐时期，但仍是一股精兵；西路为河西兵团贺宗哲部，约两万余人，是由原来李思齐的部将中不愿降明的人组成，他们盘踞在六盘山一带，经常威胁河西走廊的安全。

其中辽东兵团在"老熟人"纳哈出手中，双方已经达成默契，彼此各守疆土，可能不会参加此次会战。主力兵团由扩廓帖木儿指挥，必然是本次出兵的主要对手。河西兵团贺宗哲之前和徐达在庆阳交过手，不过那时他还在韩札儿麾下作战，此次独自领兵，水平如何还是个未知数。

这三个兵团最大的问题是太过分散，而且每一个兵团所在的区域既大又空旷，如果明军集中兵力攻击一个方面，很有可能扑空，自己兴师动众不说，还给了其他方面休养生息的时间。所以这次朱元璋决定效仿当年汉武帝漠北决战的策略，分进合击，将原来明军十五万主力部队兵分三路出击，同时进攻。具体计划是，由徐达统率中路军五万人，从雁门出塞，直扑北元老巢哈拉和林，与扩廓帖木儿部决战；以李文忠统率右路军五万人马，由居庸关出塞，攻击应昌北元太子所部王公贵族，而后由饮马河向西进军，与徐达部在哈拉和林会师；以冯胜、傅友德统率左路军进入河西走廊，牵制贺宗哲，寻找战机。

其实朱元璋这次兵力分配有些问题：徐达明明是三路中任务最重的一路，是此次征战的主力，兵力却和另外两路相同，冯胜作为掩护部队，兵力却和主力部队一样多，这就导致主战场上明军兵力并没有多少优势。

鉴于草原上没有坚固城池，明军此次出击以骑兵为主。不过徐达一手带出、一直赖以取胜的两万重骑兵却被拆开使用，傅友德跟随冯胜出征,带走了最精锐的五千人,李文忠又要去了五千人。剩下的一万重骑兵,加上去年在太原刚刚招募的两万蒙古雇佣骑兵和另外从各地临时抽调的两万骑兵,就是徐达兵团的全部兵力。

徐达的老对手扩廓帖木儿,元顺帝在位时已经被加封为齐王。两年前他在沈儿峪被徐达打得全军覆没,靠着一块木头逃过黄河,逃到哈拉和林,与爱猷识理答腊相遇,两人痛定思痛,决心结束内斗。扩廓帖木儿支持爱猷识理答腊继承北元汗位,爱猷识理答腊授权扩廓帖木儿总督北元兵马。扩廓帖木儿以汉人身份,担任统帅,率领精锐蒙古骑兵,盘踞漠北,与大明帝国对阵。

为了扩充兵员,扩廓帖木儿向原本居住在叶尼塞河一线的瓦剌部发布招募令,从中选出两万精锐骑兵,让太尉浩海达裕作为这部人马的统帅。扩廓帖木儿从跟随元主北撤、原属怯薛军[①]的贵族中征募了三万多人,充作中军;从辽东纳哈出部强行征调了两万多人,由太尉蛮子指挥。经过一年多的调整,扩廓帖木儿麾下再次有了七万骑兵。加上纳哈出部还有的六万多人和贺宗哲的两万人马,这次扩廓帖木儿的兵力总计有近十五万人,数量上与明军大体相等。

另外,扩廓帖木儿总结了之前太原、兰州两战的教训,强化了自己的情报工作。因为明军大量雇用蒙古骑兵,扩廓帖木儿顺势向其中掺入了不少奸细,他对明军的战略战役安排,甚至行军

---

① 成吉思汗时代起的禁卫军,后为元帝近卫部队。

路线、部队规模都了如指掌,此次交战,他和徐达对战场的感知能力颠倒了过来。

洪武五年二月,扩廓帖木儿探知朱元璋将十五万大军分散部署:冯胜、傅友德五万人马安排攻略河西走廊,徐达、蓝玉五万人马由雁门关出塞,李文忠五万人马由居庸关出塞。他发现明军的作战计划不适应草原作战:首先,由于战线问题,明军未在一个方向集中十五万人马,实际上牺牲了兵力优势;冯胜、傅友德部和徐达、李文忠两军相距过远,完全无法互相形成配合。其次,即使是相隔较近的徐达、李文忠两军,在茫茫草原上的距离也有数百里之遥,距离看似不远,且无任何险要,但因为水源、粮草等问题困扰,想要形成配合实际上也需要相当长的时间。最后,他通过安排的细作得知,明军分配给各部的作战目标过于模糊,又对北元全军的部署知之甚少,部队之中又加入了许多新投靠的鞑官[①],相互之间语言不通,沟通困难,配合不好。正是因为看到了明军的种种破绽,扩廓帖木儿有了战胜宿敌徐达的希望和信心。

果如扩廓帖木儿所料,二月徐达、蓝玉刚刚赶到山西,即发现情况远没有原先预想的那么乐观。明军的兵制自洪武三年以来一直实行卫所制,其基本编制是一卫五千人左右,是步兵骑兵混成的兵团;但豁鼻马在太原的降军则使用元军兵制,基本编制单位是一千至一千五百人左右的骑兵。两者混编困难,徐达只能

---

① 鞑官,明军中招募的蒙古人,这些人许多后来升至高位,包括永乐朝名将张玉等,遂有成语"鞑官贵人",亦做"达官贵人"。

将刚刚招募的蒙古骑兵分成十五个千户队，按照元军编制安排，自己亲自统率；把一万明军精锐重骑兵交给蓝玉指挥；同时将二万明军卫所军，分成四卫，调来汤和总管，准备让其负责后方补给。

三月，大军整编完毕，开始向北进发。徐达让蓝玉统率一万重骑兵为前军，配合五千蒙古轻骑兵在前探路，自己统率中军一万蒙古骑兵、一万明军卫所军，居中调度，左右两翼各有两千五百蒙古轻骑兵负责侦察和保护，分别交给朱元璋养子平安和顾成指挥，汤和统率一万卫所军为后军，并一千蒙古轻骑兵负责掩护，随后跟进。

大军从雁门出塞，很快进至大同。徐达让北平守将孙兴祖速运存粮三千石至大同、居庸关等地，以备回军之用，全军携带一个月粮秣，向北出发。徐达令蓝玉率前军先行，每日行进速度控制在五十里左右，同时侦察骑兵要探索方圆百里左右，强化战场感知能力；自己率领中军护卫粮秣军需，每日行进四十里，与蓝玉保持联系；令汤和领后军携带回程粮秣辎重，每日行军四十里，每百里留下一名千户并一千人扎营戍守，建立兵站线，保障后勤补给畅通。

十日后，徐达全军进至阿卜山一线，距离长城边塞一线已经有两百余里，距离大本营大同已经有三百余里。蓝玉一直没有发现元军动向，汤和向徐达报告他已经将一千蒙古轻骑兵单独编为一队，负责来回巡哨，目前后方已建立三个兵站，因没有大河、大山阻隔，此时后勤保障压力不大。徐达遂下令全军在此地休整一天，在这里设立大本营，留下五千人马据守，同时派人向朱元璋汇报并和冯胜、李文忠保持联系。

两天后，徐达得到左右两路军军报：左路军冯胜从兰州出师，已经开始横扫河西，自己曾经的先锋官傅友德一马当先，大破元军于凉州，当下全军向永昌前进。右路军李文忠则率部前出至开平一线，正在积极侦察刚刚上任统领北元辽东军团的太尉蛮子部所在地，准备跨越沙漠作战。

徐达发现北元主力依然不见踪影，决定按照原计划攻向哈拉和林，利用此地在北元人心目中的重要地位，吸引扩廓帖木儿主动来和自己决战，避免在茫茫草原中盲目搜索。他召来熟悉地形的蒙古向导讨论下一步行动计划。向导向他报告继续向北行军最大的问题是水源，从明军现驻地至北元黑林行宫只有一条可以穿越瀚海沙漠的道路。如果此时徐达、李文忠十万大军都从这里前进的话，既难以展开，又没有那么多水源，于是徐达令李文忠全军向东迎击北元军辽东兵团，自己率领中路军跨越瀚海沙漠，向黑林进发。

此时明军三路大军已经分散开来，彼此难以相互支援。

扩廓帖木儿通过侦察骑兵了解到明军的情况，决定不管左路军冯胜，调河套贺宗哲部两万精锐经亦都山前往哈拉和林与自己会师。让辽东军团以偏师向东撤往泰宁一线，沿途丢弃牛羊，吸引李文忠向东攻击，避免其向西与徐达会师。同时下令太尉浩海达裕率两万瓦剌骑兵、太尉蛮子率两万辽东主力骑兵前往哈拉和林与自己统率的三万怯薛军进行战前集结。

三月底，徐达所部通过瀚海沙漠，深入漠北八百里，抵达折折都运山山口。北元首领爱猷识理答腊得知明军已经逼近黑林行宫，大为震惊，一面立即向西撤往哈拉和林，一面派人催促扩廓帖木儿出兵击退徐达。为了一试明军的战斗力，扩廓帖木儿接到诏令后下令太尉蛮子率领两万辽东骑兵前往黑林以西二十里，在折折都运山、朵桒盘陀山和曲邻居山三山交会的重要通道三峡口据守，争取将明军堵在山地之中，待其粮秣消耗殆尽、军心不稳时，发起反击。扩廓帖木儿下令太尉浩海达裕的两万瓦剌骑兵前往黑林接应，同时又下令诸王发动外剌部、逊都思部在土剌河上游筑坝蓄水，以备不时之需。

明军先锋蓝玉自跨过瀚海沙漠后已经加快了行军速度，其先锋五千蒙古轻骑兵已经赶在蛮子所部北元军之前控制三峡口。蛮子见已不可能按照扩廓帖木儿原先的设想，将明军完全堵在山地之中，再加上忌惮明军战力，他自己带领主力部队撤回黑林与浩海达裕会合，留下三千骑兵在三峡口以西的水源野马川一带据守，准备凭借地形保住水源。

蓝玉麾下的蒙古侦察骑兵已经向他汇报了北元军的动向，他一面留下五千重骑兵在三峡口一线挖掘战壕，等待徐达主力，一面亲自率领五千重骑兵，配合五千蒙古轻骑兵立即攻向野马川，夺取水源。蓝玉亲临第一线，他发现北元辽东兵团还没有来得及部署防御，也没有抢占制高点，只有零零星星的部队摆在野马川以西。在简单侦察之后，他判断野马川水流较浅，骑兵可以涉水渡河，决定以骑兵突击北元军阵地。

蓝玉抽出三千重骑兵，加穿重甲，每百骑以铁链拴在一起，从中央发起突击，五千蒙古轻骑兵分为两队从两翼包抄射击。北元辽东兵团本来就没有想过对手来得如此之快，加上主将太尉蛮子不在现场指挥，眼见黑压压的明军冲了过来，军心大乱，顾不得看守水源的任务，纷纷往黑林方向逃去。蓝玉派蒙古轻骑兵追赶了一段距离，并趁势侦察了黑林地区北元军队的动向，开始安排部队保护水源，等待徐达大军到来。

第二天徐达的主力也到达三峡口和蓝玉先头部队会师，同时派人通知尚在折折运都山中行进的汤和后军，加快行进速度，为了掩护汤和，徐达在土剌河南岸留下了五千卫所军，自己率中军主力渡过土剌河，从北岸攻击黑林。当天，徐达和蓝玉等明军高级将领亲临前线侦察地形，蓝玉将昨日野马川一战的情况向徐达做了汇报。明军出征前普遍都不太把北元残兵太当回事，蓝玉先锋又一战大胜之，徐达遂决定在等待汤和所部前来后，继续向西杀向黑林。不过，出于一贯的谨慎，徐达还是下令在土剌河上架设两座浮桥，便于大队辎重跟进。

扩廓帖木儿这边得到野马川的败报并不吃惊，他不顾北元王公贵族的反对，下令瓦剌太尉浩海达裕率领本部两万人马从黑林行宫撤出，全军退往土剌河以南的卓尔完忽鲁山埋伏。扩廓帖木儿又下令辽东兵团退过土剌河，抢占河曲部制高点孛怯岭，向东沿土剌河展开，构筑防线；传令已到亦都山的贺宗哲部，不要赶来哈拉和林，向东渡过王吉河，前往卓尔完忽鲁山与瓦剌骑兵会合；自己亲自统率三万怯薛军前往土剌河，准备迎战徐达。

四月初一，蓝玉进占北元黑林行宫。这里是当年成吉思汗消灭克烈部后建立自己大斡耳朵①的地方，也是大元的龙兴之地，抢占此地后，明军士气大振。蓝玉不等徐达指示，继续向土剌河方向前进，在途中打败了北元辽东兵团的部分兵力。

四月初二，蓝玉先锋抵达土剌河，对面是北元辽东兵团控制的河曲部制高点字怯岭。眼见对岸辽东兵团一如既往地散漫，上游被堵住的土剌河水浅到步兵都可以涉水过河，蓝玉亲自率军冲过土剌河，向敌人发起冲锋。辽东兵团再次一触即溃，放弃了制高点，退往土剌河以西与扩廓帖木儿的怯薛军会合去了。徐达此时刚到黑林行宫，汤和也才到三峡口。接到蓝玉在土剌河再次获胜的捷报，两位久经沙场的老将却没有半点欣喜。

因为此时明军全军已经被地形切成了三段。明军前部蓝玉虽然占领了土剌河河曲部的制高点字怯岭，可是也把自己送进了东、南、西三面被土剌河环绕的危险境地。徐达中军尚在黑林行宫，他与汤和后军也正好被土剌河南北隔开，三峡口是明军唯一的退路，还需安排部队防守。这样一算明军几乎就被分成了四块，加上一路北进途中设立了三四个兵站，后军汤和的机动兵力只剩下一千蒙古轻骑，加上两千卫所军。

徐达眼见全军过于分散，又被河水分为数段，此为兵家大忌，形势极为不利，立即下令全军向黑林重新集结。可没等他的命令被执行，扩廓帖木儿的铁骑就发起了反攻。

---

① 斡耳朵：蒙古语宫殿之意。

第三节 扩廓强悍 兵败土剌

洪武五年四月初二,北元齐王扩廓帖木儿得知明军先锋蓝玉部已经占领孛怯岭,大为兴奋,这次徐达终于落入了他的圈套。他苦等已久的消灭明军先锋的良机终于出现了。

成竹在胸的扩廓帖木儿,立即改变战场部署,亲率三万怯薛军从土剌河上游过河,将三面环水的蓝玉部唯一能退的北面出路堵住,同时令辽东兵团绕过土剌河、哈剌河,进攻三峡口以北十五里的断头山,封锁明军退路。贺宗哲统一指挥本部两万人马和瓦剌太尉浩海达裕两万人马,沿土剌河向东,隔断黑林行宫的徐达部与蓝玉部的联系。扩廓帖木儿下令上游决堤放水,利用土剌河水围困蓝玉。

四月初三连夜大雨之后,早晨走出大帐的蓝玉突然发现土剌河河水暴涨至肩,难以涉渡。他这才发觉大事不妙,此时扩廓帖木儿的三万怯薛骑兵已经在其北面展开。

当天夜里,驻军黑林行宫的徐达也被连夜大雨惊动,第二天一早侦察骑兵果然发现扩廓帖木儿的大纛出现在蓝玉前军的正北方向。紧接着,汤和派来告急的传令兵也到了,北元辽东兵团近两万人,正在向驻守断头山的汤和发起进攻!此地是明军唯一的退路,一旦丢失,全军将和后方失去联系和补给,只能从瀚海沙漠中回去。

征战一辈子的徐达猛然发现自己很可能要全军覆没在这土剌河边:蓝玉先锋一万五千人和自己中军两万人在土剌河以北,被扩廓帖木儿三万怯薛军隔开；土剌河以南明军只有五千卫所军，将面对贺宗哲等四万蒙古骑兵的冲击，这部敌人很有可能夺占明军浮桥后，向北面的徐达中军包围杀来；更重要的是唯一退路三峡口，驻守此地北面断头山的汤和只有三千人，将迎战北元辽东军团近两万人马。

难道戎马一生，最后要葬身于此吗？徐达迅速冷静下来，他意识到，此时自己最大的问题是兵力集结尚未完成，已经被扩廓帖木儿利用土剌河分割成四个部分，彼此难以相互支援，必须迅速决定、调配部队，重新完成集结。

当前处境最危险的是断头山，汤和兵力太少必然难以固守，可以最快支援他的只有土剌河南岸的五千卫所军。徐达立即下令指挥右翼两千五百人蒙古轻骑兵侦察部队的顾成，率领所部从浮桥渡过土剌河，接掌五千卫所军，立即前往断头山支援汤和；指挥左翼轻骑兵的平安，统率本部并中军五千蒙古轻骑，立即前往孛怯岭接应蓝玉突围，自己率领一万卫所军，放弃黑林行宫，立即转进至南岸营地，加固营垒，准备应对北元骑兵的攻击。

扩廓帖木儿不准备给徐达任何时间，他下令贺宗哲对明军浮桥发起进攻，企图一举夺下浮桥，将徐达困在土剌河北岸，自己则率领部队向蓝玉发起攻击。此时，早已安排在蓝玉军中的奸细趁机哗变，两位千户率领本部两千多人马倒戈相向，将矛头转向蓝玉。见明军军心大乱、阵脚松动，扩廓帖木儿立即传令怯薛军分成三部，两部左右夹击明军，一部作为预备队。明军顿时左支右绌，难以招架。

不过在被北元的不断攻击中蓝玉却发现对手穿着重甲的骑兵不多，只敢远远地和明军对射，不敢近身格斗。原来北元缺铁，骑兵多身着皮甲，无法和明军的重甲骑兵相提并论。蓝玉见状立即下令重骑兵集结，摆成密集队形为全军先锋，沿着土剌河向黑林行宫冲去。果然，扩廓帖木儿不敢正面和明军硬拼，下令部队闪到两翼持续向明军射击，然后将徐达配给蓝玉的蒙古雇佣骑兵截断，围住厮杀。这些蒙古雇佣军家眷、财产都在太原，只得背水一战，除了扩廓帖木儿事先安插的奸细，竟然没有一个愿意投降的，而是尽力与怯薛军死战。这给蓝玉的一万重骑兵争取到了时间，他们冲破北元军阵线和赶来接应的平安会合。平安的父亲原本就在常遇春帐下听令，和蓝玉也很熟悉，平安向蓝玉传达徐达将令，两人便边打边退，撤向黑林与徐达会合。

此时徐达率领五千卫所军和五千蒙古轻骑兵正在浮桥和南岸营地两处冒雨修筑工事，另外五千卫所军刚刚和前去救援断头山的顾成完成交接，进入南岸营地。贺宗哲两万骑兵向明军浮桥发起攻击，浩海达裕两万瓦剌人马也向明军南岸营地同时发起冲锋。徐达以绝对劣势的兵力情况，必须死守此处至少半天时间，等到蓝玉、平安返回支援。

徐达让全军背靠浮桥和土剌河列成环形阵，以大盾、长矛环列防御。贺宗哲部队装备比怯薛军差，也不敢和普遍装备铁甲的明军近身肉搏，只能继续围着明军射箭，明军则利用阵形的缝隙发射弩箭还击。虽然天下大雨，明军火器无法发挥威力，北元军兵力又占优势，但是一上午北元军硬是突破不了明军的背水阵,自己损失反而比对方大。贺宗哲眼见这样拼下去不是办法,他得知明军前军主力已经在往这边赶来,害怕遭到明军夹击,下令全军收缩,停止进攻,但没有扩廓帖木儿将令,他也不敢随便后撤。

南岸营地这边瓦剌兵却和其他北元骑兵战法完全不同。浩海达裕让这帮长期在叶尼塞河附近和熊搏斗的猛士全体下马,用木盾组成方阵,分成四路向明军营地发起攻击。明军南岸营地经过两天时间构筑,本来比较坚固,可以躲在工事中,用弓箭消耗、阻滞对方。这些瓦剌兵硬是抬着被射成刺猬的同伴冲入明军营垒,和全部穿着重甲的明军展开肉搏。明军里也都是百战之余的猛士猛将,和对手展开激战,将对手一次次赶出营垒,对手又一次次玩命冲了进来,双方反复拉锯式激战七八回,局面僵持不下。

中午时分,蓝玉、平安赶到明军浮桥边。蓝玉的重骑兵披着重甲跑了大半天,马匹已经十分疲劳,无法立即投入战斗。他下令部队卸下重甲,准备轻装过河。

平安率领着本部轻骑兵七千多人和徐达会合。徐达见军士们已经疲惫不堪,便下令让守在浮桥阵地的部队和平安部先吃干粮,休整一个时辰,而后自己把五千轻骑兵交给平安统一指挥,下令向贺宗哲发起反冲锋。平安一马当先,杀向贺宗哲,其后的一万多蒙古轻骑兵分成四队,向着贺宗哲冲了过来。贺宗哲此时也没了锐气,只想保存实力,全军列成圆阵,向着冲锋的明军边射边退,平安将贺宗哲赶出去二十多里后,突然发现扩廓帖木儿大纛出现在河北岸，担心有伏兵，他不敢再追，立即率部返回浮桥阵地。

徐达在浮桥阵地用步兵方阵加骑兵冲锋逼退了贺宗哲。但是对方仍有兵力上的优势，此地不可久留，他令平安挑选出三千还能再战的骑兵，立即前往支援南岸大营，剩余的部队掩护蓝玉重甲骑兵渡河后，向南岸大营撤退。

就在此时，扩廓帖木儿对蓝玉发起猛攻，蓝玉只能让一千多还没有卸下重甲的骑兵回身和怯薛军死战，为主力赢得时间。怯薛军也吸取了早上在字怯岭的教训，不再跟明军硬拼，他们拉开早上缴获的明军铁锁，将明军重骑兵绊倒。重甲战马和士兵倒下后极难再次站立，北元军放弃砍不坏明军铁甲的刀剑枪矛，改用狼牙棒敲击，明军损失惨重。蓝玉只带着不到六千人的重骑兵队沿浮桥退到南岸。徐达眼见无法支援这部骑兵，果断下令将浮桥烧毁，阻挡扩廓帖木儿追兵。北岸的四五千明军被怯薛军杀死。

唯一的好消息来自南岸营垒，平安及时支援，最终把悍不畏死的瓦剌军逼退，徐达率领中军主力赶到，这才勉强有了立足之地。傍晚时分，激战了一天的明军纷纷赶到南岸营垒会合，本来只能容纳五千多人的营垒中，一时间进驻了两万七千余人。徐达下令亲兵不顾疲劳向土剌河方向扩大自己的防御阵营，同时派人打探顾成、汤和等部的消息，并派出侦察骑兵探察三峡口方向态势。

入夜，消息传来，一好一坏。坏消息是今天早晨汤和的断头山营垒因为蒙古雇佣骑兵中的奸细作祟，被北元太尉蛮子的辽东军团攻破，损失惨重，汤和只带了一百多人逃了回来，他撤退前将大量明军辎重、装备焚毁，以免资敌。好消息是断头山虽然丢了，顾成所部及时赶到战场，把三峡口勉强从北元辽东军团手中夺了回来，现在三峡口构筑营垒，等待徐达主力增援。

另一边，扩廓帖木儿入夜后就在黑林行宫宿营，汇总各方面战报：辽东军团拿下断头山，却没有切断明军三峡口的退路；贺宗哲在明军浮桥阵地和徐达对战半日即撤军；只有瓦剌军在南岸营垒和明军死拼了半天，各自伤亡了两三千人；最大的功劳被怯薛军拿走，他们不但在孛怯岭和浮桥阵地两战两捷，斩杀俘获对手接近万人，还抢走了蓝玉在北岸留下的来不及搬走的大量军需。不过扩廓帖木儿也意识到，徐达用伤亡近一万人的代价，重新完成了主力集结，再想全歼明军，必须坚决堵住三峡口的退路。于是他传令瓦剌全军前往三峡口，配合辽东军团将明军退路封死，怯薛军明天开始渡河和贺宗哲会师，一起攻击还在南岸营垒中的明军。

当天夜里双方都十分疲劳，各自加固阵地，准备第二天再战。徐达却不敢休息，他把汤和、蓝玉、平安等人召集到一起，对军队进行重新整编：蓝玉前军损失最大，徐达把他的部队和平安的五千轻骑兵混编组成新的前军，明日一早前往三峡口，支援顾成，守住退路；让汤和统率跟随自己在浮桥边与贺宗哲对峙的五千卫所军，死守南岸营垒，为全军断后，同时给他们留下五千匹战马，让汤和守住一天之后，立即撤往三峡口和自己会合；自己统率五千卫所军和五千多蒙古雇佣轻骑兵，掩护数千名伤员和粮草跟随蓝玉向三峡口方向撤退。

四月初四，下了两三天的雨终于停了，天刚亮，双方都立即开始行动。扩廓帖木儿三万怯薛军由土剌河一处浅滩过河，与贺宗哲会合。不过北元军人数众多，且几日雨后，土剌河河水比以往要深，导致中午时分北元军五万骑兵才完成集结，向着汤和五千卫所军固守的南岸营垒攻了过来。

汤和拿出了他戍守常州，对付张士诚的全部经验，看到天气放晴，使用火枪、弓弩迎击围攻过来的北元骑兵。缺乏攻城武器的扩廓帖木儿和贺宗哲再次拿已经完善好防御工事的明军毫无办法，只能围着明军营垒疯狂射箭，但并未对明军造成太大的损伤。

双方真正的激战在三峡口方向展开。北元辽东军团和瓦剌军团近四万人围攻顾成不到八千人。不过北元这边也有问题。北元两个军团的长官官职相同，没有上下级之分，扩廓帖木儿又没有指定谁统一指挥，导致双方无法配合作战。

辽东太尉蛮子本来就没有和明军拼命的打算，昨天趁明军人少，加上内奸帮忙，拿下断头山阵地，认为自己已经完成了任务，不愿意再卖力死战。瓦剌太尉浩海达裕昨天和南岸营垒中的明军血拼了半天，自己和对方伤亡都很大，但所部瓦剌人十分忠诚，今天继续按照扩廓帖木儿的将令，向着顾成在三峡口的营垒发起猛冲。

由于天气放晴，顾成指挥明军用火器反击，轻而易举地击破了瓦剌人的木盾阵。这些瓦剌人根本没见过火器，被巨大的声响和随声倒下的同伴所震撼，不敢再排成密集队形继续冲锋。正在浩海达裕一筹莫展的时候，扩廓帖木儿派人给他送来了蒙古人心目中的圣器——成吉思汗曾经使用过的苏鲁锭长矛，以此鼓舞士气。浩海达裕流着眼泪接过了这柄长矛，转手把他交给自己的儿子马哈木，下令全军上马，与敌死战。他挑出两千人，每人背负两袋土，集中在顾成营垒的南面，排成密集队形，向明军的堑壕和工事冲了过去。顾成下令射击，明军的火器、弓弩和堑壕一起瞬间将两千瓦剌骑兵消灭。可这只是前奏，马哈木举起成吉思汗的苏鲁锭长矛，带着五千瓦剌骑兵，高喊着，踏着用同伴尸体填平的堑壕，冲进了明军营垒。顾成带着五千身披重铠的卫所军步兵和冲入营垒的瓦剌军展开厮杀。

　　双方的混战一直持续到中午时分，辽东军团太尉蛮子见渔翁得利的机会来了，也带领全军冲下断头山，从北面向明军发起攻击。不过他们的冲锋晚了一步，蓝玉、平安的一万骑兵已经赶到了战场。

　　两人将五千重骑兵和五千轻骑兵混编成左右两队，都以重骑兵中央密集突破，轻骑兵两翼钳制包抄的战法分别向辽东军团和瓦剌军团冲去。辽东军团太尉蛮子立即撤回断头山阵地，全军损失不大。瓦剌军团毫无防备，被平安率军冲得七零八落，忠于扩廓帖木儿的浩海达裕本人战死，他儿子马哈木好不容易才从明军营寨里杀了出来，带着残部向西南退走，准备与扩廓帖木儿会师。

　　到傍晚时分，徐达率领的一万多人也赶到三峡口营垒。入夜，固守在南岸营垒的汤和带着五千多卫所军骑马狂奔三十多里，跑向三峡口与徐达会师。扩廓铁木儿率领五万骑兵连夜追击，一路上明军损失不小，只有两千多人跑到三峡口和徐达会师。

这一天死战，明军顾成部七千之众战死了一千多人，只有三千人余人尚有战斗力，其余多半带伤；汤和部五千人只剩下两千多人。其余各部也在撤退中多有伤亡，两天下来明军损失战士上万人。

不过好在明军兵力重新集结完成，而且夺回了退路，态势已经得到根本好转，但是此时后方已无法继续稳定提供保障，明军损失惨重，又没有可以坚守的城池，若继续进兵，恐怕会陷入更糟糕的境地。所以此时应当撤回势力范围，休养调整后再战，所以下一步就是要考虑如何撤退，才能减少损失。这是对徐达新的考验。

第四节　败而不溃　千里回师

洪武五年四月初四夜，大明帝国征虏大将军徐达在三峡口营垒中召集诸将紧急议事。此次北征已经失败，连续两天血战，明军伤亡失踪已经超过万人，营中伤员还有近五千人。主力虽然已经退到相对安全地带，但距离明军最近的据点大同还有八百里的路程，且其间没有任何坚固的城池可供驻守，如何把剩下的部队以最小的损失撤回,这是对徐达前所未有的考验。

徐达、汤和、蓝玉连夜抓紧时间清查全军存粮、军械、马匹情况。现存集结在三峡口的兵力还剩下两万八千多人,其中近六千人带伤,后方补给线上还有近一万人分布在八百里的归路上。出塞时明军携带有六万多匹战马和驮畜,几番血战后,马匹还剩下一半左右,存粮还可支持半个月,火药、弓箭储备尚足,还可以支持全军再战十天左右。

徐达反复思考后并没有立即下令撤军,反而传令全军主力休整一天,同时继续加固三峡口营垒防御。第二天,徐达令汤和统率所部还能行动的两千人马立即向三峡口以南侦察退路,在各个山口路口预设阵地,联络后方各个兵站补给点,将后方的一万多卫所军重新集结起来,接应自己后撤。徐达单独嘱咐汤和,让他每隔五十里安排五百人修建可供万人屯驻的营地,以便接应后续撤退的部队。

就在这一天,扩廓帖木儿五万人马赶到三峡口,他的怯薛军屡战屡胜,士气正旺。辽东军团还控制着三峡口以北的断头山,居高临下关注明军的调动。瓦剌军团连续两天血战,战死超过五千人,包括其首领太尉浩海达裕,新首领马哈木已无继续战斗的欲望,未跟扩廓帖木儿打招呼就带领全军向西撤走。

此时,明军左路军冯胜部和右路军李文忠部的战报已经分别传到扩廓帖木儿和徐达手上。由于北元军部署在河西走廊的主力贺宗哲被抽调至哈拉和林,冯胜在永昌大获全胜,北元多位高级将领战死,平章卜花被傅友德亲手射杀,河西走廊全被明军夺取。辽东战场上李文忠在口温大破北元军，而后又在合剌莽来击溃北元军，纳哈出照旧消极避战。

接到消息后，北元各部开始打起自己的小算盘来。贺宗哲便提出要回军河西老巢，不想继续在三峡口和徐达继续耗下去，扩廓帖木儿只能同意。辽东兵团太尉蛮子也提出要回军辽东，扩廓帖木儿立即奏请北元国主，将断头山的胜利全部归到辽东军团名下，将他由太尉升为太师，并把自己齐王属地的草场让给他。扩廓帖木儿将地盘让给蛮子之后，立即得到了支持，不过他坚持先把辽东方向的另外五万人马调来，占住扩廓帖木儿让出来的草场。

扩廓帖木儿并不在意这些东西，他把所有注意力都放在彻底消灭徐达这个焦点上。经过侦察，扩廓帖木儿料定徐达必然会沿着折折都运山撤退。他决定自己带着三万怯薛军独自追击徐达。

四月初五上午，徐达亲自到营垒一线视察，鼓舞士气，接着来到营中看望伤兵，郑重地告诉大家，他一定不会抛弃任何一个人。这一整天，明军主力完全没动，但侦察骑兵和通信骑兵却向各方向活动。当天夜里，徐达找来蓝玉，让他和顾成带领一万人马护送全体伤兵并两万马匹运送辎重，留下所有旗帜，留下带不走的部分辎重，连夜沿着折折都运山，按照汤和预先准备的退路，利用已经搭建好的宿营地快速撤走。

徐达和平安精选还能战的四千重骑兵和五千蒙古轻骑兵为全军断后，继续在三峡口大营和扩廓帖木儿对峙了两天，直到四月初七入夜，徐达下令营区内所有东西，包括自己的大纛，全部不动，又命平安带领四千重骑兵先撤，亲自带着五千轻骑兵断后。

本来徐达的这番精密的安排，加上山谷地形，是可以让明军基本摆脱北元军的追击的。可扩廓帖木儿也不是普通将领，经侦察，他发现明军已经撤走，并不意外。但他没有跟着徐达在山谷中行进，他留下一万人尾随明军，装出全力追击的样子，自己则带着另外两万人，绕道沙漠，攻击明军在沙漠中的补给点。

两天后，汤和和蓝玉的明军在折折都运山南端山口会合，半天后徐达、平安的骑兵也到了。明军再次集结，此时汤和所部已经由两千人增加到七千多人，马匹也多了近三千匹。正当所有人认为已经摆脱北元军追击的时候，徐达接到报告，明军在沙漠中的补给站被扩廓帖木儿夺取，一千多驻军几乎全被消灭，明军归路再次被堵住。

徐达决定集中全部能战的一万五千骑兵，交给蓝玉、平安指挥，先行出战，为全军开路，汤和统率五千步兵、伤兵，携带辎重随后二十里跟进，全军由汤和统一指挥，每天行进不能超过四十里，计划八天时间撤回阿卜山大本营。临行之前，徐达嘱咐诸人必须严格保持行军距离，同时宿营，按计划穿越沙漠。他自己继续带着五千蒙古轻骑兵为全军断后，停在折折都运山南山口再守两天，为大部队撤退争取时间。

扩廓帖木儿并没有率部向北迎击明军，反而继续向南攻向明军阿卜山大本营。明军按照计划在沙漠中行进八天，终于抵达阿卜山大本营，却发现大本营已经被扩廓帖木儿利用缴获的服装旗帜，冒充明军，先行占领了。汤和立即派人通知边防各个关隘，停用徐达军先前一切旗号，边关戒严。

一天后徐达也到了，眼见大本营被占领，存粮被夺，扩廓帖木儿不知去向，他肯定了汤和的处置对策，下令全军立即转向白羊口，警戒北元军。扩廓帖木儿也正在白羊口等着徐达，因为过了这里就是大同，此地是他歼灭徐达最后的机会。

四月十八日，北元军和明军在白羊口外摆开阵势。徐达和扩廓帖木儿这对宿敌第一次在两军阵前碰面，远远望见对方，都有惺惺相惜之感。北元军比明军先到一日，算得上以逸待劳，可明军眼见归路就在敌人背后，也必然要以死相拼。明军在蓝玉、平安的带领下向北元军发起冲锋，战法依然是重骑兵居中，轻骑兵掩护两翼。两万怯薛军却直接分成两队，把入关的道路放了出来，故意转到明军两翼，疯狂射击。此时明军如果争先入关，必然导致队形大乱而首尾难以相顾。徐达立即传令重骑兵向两翼转向发起冲锋，把怯薛军赶走，掩护步兵先行入关。

扩廓帖木儿指挥怯薛军继续绕后攻击，徐达让骑兵把对手逼退，步兵放弃辎重，整队向白羊口前进，自己再次亲自断后。双方阵形瞬间倒转，徐达收拢队伍，退向白羊口。扩廓帖木儿绕到明军后方掠走不少辎重。

此时彼此都已经转战了数百里，疲惫不堪。扩廓帖木儿看着秩序井然、徐徐退入白羊口的明军，长叹一声，此生不能全胜徐达矣！随后下令停止进攻，带着怯薛军同样排列整齐，向大青山退走。不过战争还未结束。原本东路军李文忠在辽东取得一连串胜利，他得知徐达在土剌河遭遇失败，扩廓帖木儿领兵追击徐达军，他判断哈拉和林兵力必然薄弱，决定再对哈拉和林展开突袭。

六月初，明军右路军主力抵达胪朐河。李文忠留下部将韩政看守后勤辎重，自己带上全军精锐和二十天干粮向哈拉和林进发，准备一举消灭北元朝廷，结果遭到北元辽东兵团八万人和扩廓帖木儿三万怯薛军的迎头痛击，明军惨败，部将曹良臣、周显、常荣、张耀全部战死。李文忠上马死战，才突出重围。右路军部队撤退过程中又迷路，因缺乏水源又折损不少兵马，历经千辛万苦，才退回居庸关，损失也有万人之多。

此战下来，只有明军左路军冯胜部横扫河西走廊获得大胜，不过这个次要战略方向的损失对北元朝廷来说，不算致命。

严格来说，这一仗最大的错误是开战前的战略部署。朱元璋将十五万大军分散成三路，但是并没有依据任务轻重作出兵力部署的区别，而是平均分配。而且这三路大军彼此缺乏配合，也没有统一的目标。冯胜在河西走廊打得顺风顺水，却对主战场没有任何支援，甚至连牵制贺宗哲军团的任务都没有完成。李文忠部和徐达部本来距离较近，但是因为联系被扩廓帖木儿切断，彼此根本没有配合，徐达撤退时没有得到李文忠的帮助，李文忠进攻的时候徐达已经撤退，导致此路明军被扩廓帖木儿集中兵力连续击败。

从徐达对此次战役的指挥来看，依然是他一贯的稳健风格。

但他确实没有在荒漠草原地区作战的经验，缺少坚固城池作为依托，使他难以施展拳脚。他最大的错误在于蓝玉向土剌河河曲部孛怯岭发起攻击时他没有及时制止，结果让扩廓帖木儿利用土剌河，将明军切割成四块，导致自己被迫在极端不利的情况下和对手死拼。明军最大的损失也是在土剌河涨水后的那一天，蓝玉部损失了几乎三分之二的精锐。徐达彻底丧失战场主动权，由此而败退。

战役中期，徐达在和扩廓帖木儿的斗智中，在土剌河浮桥、南岸营垒和三峡口连续抢得先手，扩廓帖木儿内部的问题导致北元军作战协调性极差，最终让明军得以摆脱全军覆没的下场。若是几年前扩廓帖木儿十万主力还在的话，徐达此番必然难以脱身。

不过徐达指挥全军，历经八百里，带着近三万人马摆脱扩廓帖木儿几次追击，最终撤退到长城防线内，其战略方法仍值得后世借鉴。这是徐达军事生涯中难得的撤退记录，在战争史中，如此长距离的撤退，又保全了有效战力的例子十分罕见，胜败为兵家常事，徐达在兵败之后立刻作出全面的部署，及时止损，作为一名军事将领，是值得称赞的。

四月下旬，零零散散的明军也都纷纷撤回关内。清点人马，全军五万人还剩不到三万，六万匹战马、驮畜剩下不到两万匹。徐达身心俱疲，将部队交给蓝玉统率，自己和汤和回京向朱元璋请罪。

这是大明帝国开国以来第一场大败仗。朱元璋这次对徐达十分不满意，但是鉴于徐达的功劳，也没有给他任何处罚。可是私下里，他却向儿子晋王抱怨，说他自己一生战无不胜，唯独这一次是因这些将军们贪功冒进，非要去打哈拉和林，结果招致惨败，以后要引以为戒！朱元璋很生气，以至于获得大胜的冯胜也因为隐匿虏获牲畜的小罪名而未获赏赐。

扩廓帖木儿凭借此战胜利，一举洗刷了自己前两次败给徐达的耻辱，此战让明军损失惨重，将战略主动权夺回手中。此后几年时间内，明军开始撤守长城沿线，较少主动出击。

徐达虽败，却仍旧被朱元璋信任，回到南京后，朱元璋担心扩廓帖木儿善战，其余诸将不是对手，决定将北平的边防重任完全委任给徐达。自明洪武六年（1373）至洪武九年（1376），徐达连续三年驻防北平，警戒北元。

其间，徐达在永平、蓟州、密云向西依山修建长城两千余里，设置关隘一百二十九处，拱卫北方。北平西南的紫荆关，就是徐达防范北元骑兵绕道偷袭北平粮道，亲自勘察、主持修建的，一直保存到今天。其后徐达又率领军民加固山西雁门关、武关等七十三处关隘，从各地调卫所军轮流戍守。他将燕山卫由前、后两卫改成十一卫，分别驻守长城古北口、居庸关、喜峰口和松亭关一线。为便于联系，徐达在这段长城上建设烽火台一百九十六座，至此整个北平的防御体系已经构筑完成，堪称固若金汤。

就在洪武八年（1375），徐达的一生之敌扩廓帖木儿在漠北病逝。

丧失了最后一个能够统合全军作战的领袖，北元开始四分五裂，变成多个相互无法统属的独立部族，对大明的威胁已经大不如前。洪武九年，朱元璋将徐达召回南京。徐达回到阔别三年的南京家中，迎接他的是女儿的婚礼——号称"女诸生"的长女，将和朱元璋第四子朱棣成婚。

第十章 英雄暮年 烈士南归

洪武八年（1376）徐达离开驻防三年的北平，回到南京。这一年，朱元璋为自己的第四子朱棣向徐达求婚，两家联姻。

洪武十四年（1381）徐达出征乃儿不花，打完了他人生的最后一仗。洪武十七年（1384），在北平的徐达身患背疽。朱元璋派其长子徐辉祖亲往北平接回父亲。

洪武十八年（1385）徐达在南京病故，陪葬钟山之阴。徐达去世后长子徐辉祖继承爵位，受封魏国公。此后百年间，徐达一门出了两位国公，爵禄传至明亡。

第一节 朱徐联姻 佳偶天成

朱元璋要为自己的儿子朱棣求娶徐达长女。朱棣生于至正二十年（1360），家中排行第四，是朱元璋最喜欢的儿子之一。朱元璋对燕王朱棣的偏心甚至引起了他的两个哥哥的不满。

洪武三年，十岁的朱棣被封为燕王，封地定在大元帝国的故都北平，住的地方就是原来大元皇帝皇宫。由于燕王宫殿比其他兄弟的要奢华太多，他的兄长秦王朱樉、晋王朱棡也都不顾国家连连征战，府库亏空，比照着朱棣宫殿的样子为自己营造王府，导致消耗了大量人力、财力。洪武九年，朱元璋为了避免儿子们相互攀比，还专门下了一道命令，免除秦、晋两地百姓的赋税，要求二位王子降低营造标准，把燕王宫殿当做特例，谨防其他王爷比照加盖。

当然，朱棣也很得朱元璋的欢心喜欢。朱元璋之所以喜欢朱棣，大概是因为这个儿子智勇兼备，又有兼济天下之大略，在军队中能和士兵同甘共苦，至诚待人，特别像年轻时候的自己。

但是朱元璋并未打算把皇位传予朱棣，他最偏爱的还是太子朱标。朱元璋曾把朝廷中最为杰出的人才派到太子身边辅佐，当时的太子府可谓精英云集，其中就包括左丞相李善长，兼太子少师；右丞相徐达，兼太子少傅；中书平章录军国重事常遇春，兼太子少保；右都督冯胜，兼右詹事。除了主管五军都督府的李文忠和主管御史台的邓愈为了避嫌，其他开国公爵都在太子这里兼有职任，可见朱元璋对朱标的器重非其他皇子可替代。

而在朱元璋的心中，朱棣更适合继承徐达的衣钵——领兵征战，保护大明江山。朱元璋也准备把朱棣培养为保家卫国的将军、镇守边塞的亲王，将来太子朱标接自己的位子，登基南京，朱棣接徐达的位子，驻节北平，兄弟两人南北呼应，可保大明帝国江山安泰无虞。

既然是这样打算的，朱棣也有这个资质，那么为大明帝国开疆拓土、百战百胜的常胜将军徐达，自然成为朱元璋心中朱棣未来的理想模板。如此算来，让徐达成为朱棣的老丈人，朱、徐两家亲上加亲，也就顺理成章了。

再说说徐达的长女，号称"女诸生"的徐氏。

徐达的长女在历史上没有留下名字，有野史称其名为"徐妙云"。她是历史上有名的才女，也是大明帝国第三任皇帝明成祖朱棣的皇后。徐氏生于元至正二十二年，被朱元璋选中时，已经十四岁，刚刚成年。她自小就贞淑娴静，喜爱读书。徐氏腹有诗书，且对儒学经典颇有研究，这在那个男尊女卑的时代十分难得，时人称之为"女诸生"。

根据神道碑文所记载，徐达的四个儿子都是由朱元璋赐名，三个女儿（第四女为遗腹女）也都由朱元璋做主嫁入了朱家，其中大女儿嫁给朱棣，二女儿嫁给代王朱桂，三女儿嫁给安王朱楹。

为了解除徐达率兵出征时的后顾之忧，朱元璋和马皇后就主动把他的子女接进宫里来抚养，徐达的子女从小就和朱元璋的皇子、公主们在一起成长。

徐氏从小生活在马皇后身边，和朱棣年纪相仿，又经常在一起读书、玩乐，算得上是青梅竹马。出身布衣的朱元璋很关心儿子们的婚事，一方面想要以此均衡各方势力，一方面防止这些功臣存有二心，所以朱元璋安排儿子、女儿和功臣们的子女广泛联姻。除了常遇春的女儿嫁给太子朱标，徐达的大女儿嫁给燕王朱棣之外，还有李善长的儿子娶了朱元璋的女儿，邓愈的女儿嫁给秦王，冯胜的女儿嫁给周王，都是这种情况。

要办婚事，首先还是得要男方提亲，哪怕是皇帝家也得遵循规矩。朱元璋自然懂规矩，也给足了徐达面子。一天宴会中，身为皇帝的朱元璋非常客气地向徐达求亲："老兄弟，你我征战一生，从一介布衣到如今贵为丞相皇帝，古时候君臣之间相互通婚，现在你家大女儿已经长大，年龄和我四子朱棣相符，何不结秦晋之好呢？"面对曾经的兄长、如今的皇帝如此郑重的提亲，徐达欣然应允。

于是，洪武九年，十六岁的朱棣与十五岁的徐氏正式结为夫妇。朱棣和徐氏应该是朱元璋和功臣联姻中最成功的一对。朱棣和徐氏这两个相差不大的孩子，长时间生活、学习在一起，两人彼此熟悉，对于这场婚姻大概率是认可的。从婚后生活来看，燕王朱棣和徐氏这对小夫妻的婚姻生活也是幸福的。洪武十一年（1378）两人的第一个儿子朱高炽出生，洪武十三年（1380）第二个儿子朱高煦出生，洪武十六年（1383）第三个儿子朱高燧出生。她不仅为朱家延续香火，深明礼义的她还十分孝顺皇后，深得马皇后喜爱。

总的来说，朱元璋还是很善于给儿子们挑选配偶的。比如太子朱标在朱元璋看来比较柔弱，就给他找常遇春家的姑娘，补足家中的威严。而朱棣性子比较野，朱元璋就给他挑选徐达家温柔善良的徐氏来调他性子。《易经》中所谓阴阳调和，大概就是这么个意思。

燕王朱棣后来"奉天靖难",成功夺取皇位,徐氏也就顺理成章地成了皇后。有意思的是,徐达长子徐辉祖在"靖难之役"中是朝廷大将,多次领兵打败朱棣,不过朱棣占领南京后,碍于皇后面子,只是把他圈禁在府里,连魏国公的爵位都没有削去。徐达的小儿子徐增寿在"靖难之役"中,因私通朱棣燕军,在朱棣攻进南京城之前被朱允炆诛杀,朱棣为了补偿他和宽慰皇后,把徐增寿追封为定国公,加恩后嗣。后来定国公一府,阖家随朱棣迁往北京,一直传到明朝末年。徐达后代的待遇,在整个大明帝国的开国功臣中是绝无仅有的。

婚后几年,当上朱元璋亲家的徐达很快就开始对女婿朱棣言传身教,让他了解明军的编制、战法,并将自己一生的带兵经验倾囊相授。

洪武十三年(1380),徐达陪着二十岁的朱棣就藩北平。年末十一月,徐达前脚刚离开北平,北元太尉乃儿不花率军进犯被明军击退。此时扩廓帖木儿已死,明军经过八年休养生息,早就从土剌河之战中恢复了元气。

朱元璋决定下一年出塞反击北元的挑衅。

第二节　老骥伏枥　终战辽东

洪武十四年(1381),徐达受命和汤和一起统兵讨伐北元乃儿不花。徐达踏上了此生最后的征程。乃儿不花是北元朝廷的太尉，他以扩廓帖木儿的继承者自居，在之前数年时间内，经常率领北元军队袭扰大明帝国北疆。按理说，在将星璀璨的元末明初时代，乃儿不花只是个军事能力不入流的小人物，既无法与元军原来的统帅察罕帖木儿、扩廓帖木儿相比，也无法同明军阵营中的徐达、常遇春、李文忠、冯胜、傅友德、汤和等人一较高下，甚至在过去张士诚、陈友谅的手下，他这种水平的将领也多如牛毛。朱元璋这次决定拿乃儿不花开刀，除了有解决北方边患的战略考量，还有让徐达帮助朱棣巩固边防的想法。

此时，曾经纵横亚欧大陆的蒙古铁骑已经丧失往日荣光，北元小朝廷不管从组织形式，还是军队规模，甚至单兵战斗能力，都已经不是明军的对手。这次朱元璋、徐达还吸取了上次土剌河之战分兵冒进导致失败的教训，集结大明精锐十五万人马，采用了"牛刀杀鸡"的打法：不仅征虏大将军徐达亲自统兵出征，开国名将中的汤和、擅长奔袭的猛将傅友德、世镇云南的沐英以及燕王朱棣全部出战。这些名将中的任何一个对乃儿不花来说都难以招架，如今他们一齐出战，胜败完全没悬念。

徐达率大军从居庸关出长城，进至故元上都开平，在这里设下大本营。傅友德率领先锋两万骑兵再次沿着折折运都山杀向三峡口，徐达则统率大军在后面跟进，沐英负责两翼警戒，汤和负责后方督运粮草，朱棣跟随徐达中军行动，全军向黑林行宫再次杀来。

另一边，北元太尉乃儿不花根本不具备扩廓帖木儿那样的统率能力，手下各个部落也不服他。原本就一直处在动荡期的北元政权内部仍然在争权夺利，已经四分五裂：纳哈出在辽东自行其是，早就不听指挥；上次土剌河之战时损失惨重的瓦剌部，也在新领袖马哈木的统率下独立发展，不理会征兵诏令；西北河套一带的贺宗哲也疾病缠身，不能前来。这样一来乃儿不花麾下只能聚集到四万多人，根本就不敢和徐达正面交锋，只得放弃哈拉和林，向更远的贝加尔湖畔退去。

此次战役也没有什么像样的会战和大战，傅友德统率两万先锋骑兵部队基本就荡平了零星的抵抗，取得了一系列的胜利。明军跨过三峡口，一直打到胪朐河畔，成吉思汗兴起的地方，当年霍去病、窦宪封狼居胥、燕然勒石的功绩已然在望。

不过，徐达得知对手已经远遁，不愿再继续追击，在祭奠了几年前战死在土剌河的将士后，下令全军班师，撤回北平。徐达此生最后一仗就这样收场了。

洪武十四年的这次北征是五十岁的徐达最后一次统兵出征。这一仗是翁婿两人唯一一次在战场上合作。此后的三年间，徐达一直坐镇北平，和女婿朱棣一起保卫大明帝国北疆。

不过就在徐达、朱棣在北平整理防务、修筑长城、安置军屯、疏浚运河、开拓海运的这几年，大明帝国最大的祸患已经从北方的边患，转为首都南京城内波诡云谲的内部斗争。

事情还要从洪武十三年的胡惟庸案说起。

早在洪武四年，中书省左丞相李善长因受到朱元璋猜忌，称病辞官，中书省右丞相徐达长时间领兵在外，这样一来中书省里无人统管。朱元璋就临时把老部下汪广洋提升为右丞相填补空缺，可左丞相的位置还空着。李善长在临退位前把自己的老部下胡惟庸推上了位，实际上自己在后面遥控淮西勋贵，还是想争左丞相的位子。时任御史中丞的浙东派领袖刘基也有这个心思，他推出自己学生杨宪，双方经过一番明争暗斗，杨宪被杀。洪武六年，胡惟庸当上了左丞相。

胡惟庸自己也知道他的功劳远远比不上那些开国功臣，于是当上左丞相后，在李善长的帮助下拼命拉拢淮西勋贵，壮大自己的势力，以便在朝中和御史中丞刘基为首的浙东派对抗。

这其中胡惟庸最想拉拢的就是徐达。他想办法收买徐达家的门子福寿，准备和徐达交好，借机打听徐达对自己的看法。福寿立即向徐达报告。徐达一生谨慎，为人宽厚，他极其厌恶朝中的内斗行径，所以他既没有告发胡惟庸，也没有任何回应。后来偶尔在和朱元璋喝酒的时候，徐达说过几次胡惟庸的德行不配当丞相的话，他对于朝政的参与也仅此而已。

此后近十年时间，徐达埋头于领兵征战和修筑边关，他的中书省右丞相职务虽然没有被免掉，但长期在外，他基本不过问中书省一切大小事务。在此期间，实际掌管御史台的浙东派领袖刘基被迫和李善长一样辞官回家。洪武八年，刘基被胡惟庸派人毒杀，淮西勋贵越发跋扈。

邓愈死后，胡惟庸毫不避嫌地将亲信陈宁提拔为御史大夫，又把另一位亲信涂节提拔为御史中丞，彻底控制了御史台。眼见朝中和淮西勋贵作对的浙东派被胡惟庸彻底清理出朝廷，加上李善长在幕后的支持，以陆仲亨、费聚为首的一批长期作奸犯科的淮西武将纷纷投靠到胡惟庸门下，结为党羽。

经过这番精心经营，胡惟庸已经架空汪广洋，掌控了中书省；害死刘伯温，控制了御史台；又勾结李善长，掌握部分淮西兵权，隐隐约约成了大明帝国权力最大的官僚。他和朱元璋的矛盾也就激化了。之后，发生的两件事让胡惟庸全面崩盘。一件是私事，胡惟庸儿子在街上骑马被一辆马车撞死，肇事的马车夫被气昏了头的胡惟庸未经审判擅自杀掉。事情报到皇宫，出身平民的朱元璋坚决拒绝胡惟庸用金钱和受害者家人和解的做法，一定要找出真凶，杀人偿命。最后胡惟庸只得杀了一个家奴，才算勉强了结此事。

另一件是公事。洪武十二年九月，占城国前来朝贡大明，胡惟庸竟然没有报告给朱元璋。结果占城朝贡之事却被朱元璋手下太监发现。朱元璋得知后雷霆震怒，下诏责问中书省，胡惟庸、汪广洋一边谢罪，一边把责任推给礼部。这等于火上浇油，朱元璋没有马上处理胡惟庸，反而立即赐死了汪广洋。

这两件事之后，朝廷气氛已经十分紧张。汪广洋刚死，事端又起：为汪广洋殉死的一位小妾被查出来是罚没入官的罪臣后代，按照大明律法，这类人只能配给宫中或者侯爵以上有军功的功臣之家。汪广洋虽然是伯爵，但属于文官，没有资格享受这个待遇。本是件小事，朱元璋却以此大做文章，下诏继续追问中书省，胡惟庸和他经营多年的六部堂官全部被下狱问罪。

这时已经是人为刀俎我为鱼肉的局面。胡惟庸的亲信、御史中丞涂节首先背叛，把胡惟庸原本渎职滥权的罪责改成了聚众谋反。朱元璋借此兴起大狱，将胡惟庸、陈宁、涂节、陆仲亨、费聚等全部斩杀，前后牵连数万人。

关于这件事，有很多学者认为朱元璋早在洪武四年安排李善长退位时就已经准备废除丞相这个职位，这才故意让胡惟庸这个德不配位的人上位。然后借用他的手去解决掉朝中自己顾忌的人，最后杀掉胡惟庸，进而废掉丞相职位，由皇帝一人独揽大权，为皇太子扫平道路。

朱元璋确实想把中书省的权力夺回，不过不是夺到自己手上，而是交给儿子朱标的东宫。因为洪武十年（1377），朱元璋曾经正式下诏，让东宫太子朱标正式处理所有公务，而后上奏皇帝，太子实际充当了丞相的角色。这是继承元朝的制度，只不过把中书令改成了东宫太子。朱元璋要锻炼接班人太子朱标，胡惟庸却依然毫无收敛，在皇帝、太子眼皮下排除异己，独揽大权，甚至勾结军队，已经对朱明王朝构成了严重威胁，朱元璋最终下狠手，在一团血腥中结束了这场危机。

值得注意的是，这场风波中，徐达没有受到任何影响。

细看朱元璋兴起大狱杀的功臣其实都有一个共同点，就是威胁到了朱姓江山的稳固：李善长在胡惟庸被杀时侥幸漏网，后来东窗事发，被检举对胡惟庸谋反知情不报，成为胡惟庸余党，全家遭屠灭；蓝玉后来在捕鱼儿海剿灭北元，居功自傲，朱元璋对他不满，将他的封号由"梁"国公改为"凉"国公，西征返京后，蓝玉嫌弃官职太小，因此与朱元璋生隙，后被人举报谋反，遭灭三族，并株连蔓引，被杀者约一万五千人；冯胜在朱元璋要立太孙朱允炆之时，和女婿周王朱橚来往甚密，被朱元璋猜忌图谋夺嫡，勒令赐死——这些开国功臣的死因都是他们身处高位，厥功至伟，与皇帝是"老相识"，并未注意自己的言行，被朱元璋视为僭越皇权，对自己或者子孙的皇位构成了威胁，所以将他们尽数诛杀。

徐达却是例外之一。关键在于他没有任何逾越自己职务的行为。为将出征，则军法严明，不曾妄杀；每临战阵，则持重有谋，令不二出；回归朝堂，则公忠谦逊，善持其功。徐达的道德水准远在其他功臣之上，且对家人管教严格，故为朱元璋所倚重，不但未受打击反而福泽绵延后世。朱元璋称赞他："受命而出，成功而旋，不矜不伐，妇女无所爱，财宝无所取，中正无疵，昭明乎日月，大将军一人而已。"

第三节　南归应天　入土钟山

洪武十七年，南京突然出现"太阴犯上将"的天象。"太阴"在古时天象中代表月亮，"上将"不是军衔，而是天上星宿、文昌宫六星之首，[①]代表着统兵大将。古人相信月亮主阴，代表死亡，月亮进入上将星的天象出现，意味着此时地上的名将

---

① 《史记·天官书》："斗魁戴匡六星曰文昌宫：一曰上将，二曰次将，三曰贵相，四曰司命，五曰司中，六曰司禄。"

们会遭逢厄运。朱元璋对此耿耿于怀。年初，李文忠突然病死，似乎正应了此次天象。紧接着大明征虏大将军徐达在北平身患背疽的消息也传到了南京。

背疽是古代名将常得的一种致命性疾病。历史记录中得此病的名将有楚汉相争时期霸王项羽的头号谋士范增、三国时期魏国大司马曹休、五代十国时代的名将李克用、南宋抗金名将宗泽等人。这些人的共同特点就是常年征战，而且得此病之前都遇到了烦闷之事。范增在荥阳之战时，被中了陈平反间计的项羽怀疑私通刘邦，气愤至极，当即告老还乡，走到半路背疽破裂而死。曹休中了周鲂断发诱敌之计，十万大军在石亭被陆逊击溃，气愤异常，背疽病发而死。李克用在残唐五代时期也是一代豪杰，却屡屡败给奸雄朱温，气愤不已，背疽病发，临死之前交给儿子李存勖三支箭，让他替自己消灭宿敌，便气绝身亡。宗泽屡屡请求渡河北伐，都被朝廷所阻，最后高呼三声渡河，背疽破裂而死。

那么徐达为何烦闷呢？具体原因无从考究，只能根据史料进行推测。徐达烦闷的原因，极有可能是仅仅十年光景，曾经的战友、故人接二连三地去世，这给十分看重感情的徐达造成了不小的打击。

除了洪武三年暴毙的常遇春外，邓愈在西征吐蕃归途病逝，李文忠也刚刚病死。开国六公爵已去其三，徐达怎能不郁闷？还有洪武三年追随他出征土剌河战死的亲信将领孙兴祖；洪武八年被赐死的水军将领廖永忠；洪武十四年病故的江阴守将吴良；当年淮西二十四将之一、和徐达一起随朱元璋在滁州招降纳叛、打下基业，却因胡惟庸案被杀的费聚等人。这些故旧的纷纷离去，让徐达心情沉重，郁郁寡欢。

根本原因还是徐达常年征战，积劳成疾。背疽按照中医医理是因为五脏不调，而五脏都通过背部联系在一起，由此日积月累从背部发出毒痈（皮薄，易愈合称为痈）或者毒疽（皮厚，不易愈合称为疽）。①由于当时没有抗生素类药物，毒疽破裂的伤口极易化脓感染，因此死亡率极高。徐达等名将常年征战，风餐露宿，饮食睡眠都得不到保障，精神长期高度紧张，五脏易出病变，这是重要的因素。

朱元璋得到消息，本来想立即下旨召徐达回南京养病，后来太医告知他，徐达方患背疽，不宜长途奔波，至少要等到病情有所好转才可南下。朱元璋立即亲自委派徐达长子徐辉祖携带自己手书信札，前往北平犒劳全军，同时下令等待徐达病势好转，即将他护送回南京进行医治，其间行程一切依照徐达意愿而行。

就这样徐达在北平又住了大半年，到九月，背疽有所好转，他准备像以往一样返回南京述职。女婿燕王朱棣和女儿燕王妃徐氏赶来送行，翁婿话别后，徐辉祖陪着徐达从北平出发，踏上南归之路。

这一趟徐达走得很慢。他先到通州码头登船，十七年前，他正是从这里率军杀进当时还是元大都的北平城，一举收复自五代时期，被石敬瑭出卖的燕云十六州之地，完成了北伐重任。徐达

---

① 《诸病源候论》载：五脏不调则发疽，五脏俞皆在背，其血气经络于身。……疽重于痈，发者多死。

站在船头,抬眼望向东北方向,他仿佛看到了由他亲自擘画修筑的大明长城的起点山海关,那里有他亲自题写的"天下第一关"匾额。只要这座"东临碣石,以观沧海"的雄关仍在大明手中,必可保家国安宁,子孙安泰。

几天后,船到临清。徐达看着繁华的港口,想起当年,自己统率下的二十五万将士在此地集结,浩浩荡荡,准备出征。如今站在船头,徐达心绪万千。

船队继续南行至北宋故都汴梁。此地当年即是徐达一生宿敌扩廓帖木儿和其义父察罕帖木儿的根据地。徐达吩咐徐辉祖停船休息,和他一起前往故人旧时府邸走走。只见昔日繁华的王府,如今已是一片破败景象。想起听人说道,扩廓帖木儿的妹妹虽然被秦王朱樉娶为正妃,却在府中不甚得宠。徐达回想自己三个女儿全都嫁给皇帝朱元璋的儿子,也不禁担心起她们日后的命运来。

原本徐达想往西行,去到洛阳,可身体实在难以承受舟车劳顿。徐达只能抬眼西望了,回想自己曾经征伐过的关中大地,特别是他获得此生最大胜利的定西之战的故土,不禁感叹:"西北望长安,可怜无数山。"他想起自己和扩廓帖木儿三次交锋,两胜一败,可谓一时瑜亮,如今故人早逝,自己也命不久矣。人生如此,不如叶落归根。

想到这里,徐达想回老家了。他自己已是"少小离家老大回,乡音未改鬓毛衰",徐达便叫徐辉祖传令,继续沿着黄河回到老家濠州去看看。当时冯胜、汤和等故人都在凤阳濠州一带购置了大量田产，兴建了豪华的官邸，常年居住在此，只有得到朱元璋诏令的时候，才会去南京。听闻老兄弟徐达途经此地返回南京，他们便召集在此地的淮西勋贵，大摆宴席，好好热闹了几天。徐达难得遇见故人，心境大好，背疽也缓解了不少，在老家流连数日，顺便祭扫先人坟茔。

　　接着徐达来到淮阴，当年他带兵扫除张士诚在淮东的残余势力，于此地迫降数万敌军。今日故地重游，徐达反倒想起此地一位和自己境遇相似的名将——西汉淮阴侯韩信。病势感觉好了不少的徐达便带着徐辉祖来到韩信庙里游玩一番。想起苏轼对其的一段评价："抱王霸之大略，蓄英雄之壮图，志吞六合，气盖万夫。"徐达回想自己一生南征北战，破陈友谅、灭张士诚、北伐中原、屡败北元，使大明帝国九州一统，四方来朝，岂不也是当世英雄？想到这里，一生谨慎的徐达不禁也有些得意。

　　心情大好的徐达不禁在路上和儿子徐辉祖讨论起用兵之道，就两淮地势而言，高邮、安丰等地均不足守，必须扼守灵璧，方能断敌咽喉，掩护京师。多年后，领兵在灵璧阻截燕军南下的徐辉祖，想必会记起父亲当年的这番话。

　　就这样，父子俩走走停停，洪武十七年十一月，才回到南京城。朱元璋派太子朱标替自己前往迎接，徐达按照军法交还征虏大将军印信，而后朱元璋又在宫中赐宴款待。听着自己这位老兄弟讲述着一路回来所见所闻，看到他病势大好，朱元璋也深感欣慰，让他继续安心休养，痊愈之后再出来侍奉。

　　谁也没想到，徐达此时已近黄泉。

洪武十八年（1385）正月，徐达背疽突然加重，二月，徐达在南京家中病故，享年五十四岁。

关于徐达的死因原本是没有什么争议的。但在百余年之后，突然冒出一本吴中士人徐祯卿的《翦胜野闻》，里面第一次提出徐达是被朱元璋下毒害死的。这位徐祯卿是明弘治、正德年间人，他和唐伯虎、文徵明、祝允明并称吴中四大才子。他的学问自然一流，可惜因为长相丑陋，虽然中了进士却不能入翰林院，只能去国子监屈就，此后长期郁闷，醉心道教，结果三十三岁就病逝在北京。他提出的徐达被毒死这个论断几乎毫无证据，纯粹是借此发泄对大明皇帝不重用自己的不满，不足为信。

但自此之后，关于徐达的死因突然就成了问题。

然后最著名的"蒸鹅赐死"的说法就出现了。此事最早被记载在嘉靖年间王文禄《龙兴慈记》里，他综合了官方的死因背疽和徐祯卿的下毒说，加入了细节：徐达患背疽，太医提醒朱元璋他忌讳吃鹅，朱元璋听完太医的报告却故意赐给徐达蒸鹅，徐达接到赏赐的蒸鹅后，含泪吃完后死去。这种说法更为荒唐，且不说医理药理中的问题，光是王文禄这本书的史料来源就不足为信，其来源都是母亲早年讲的故事，很是荒唐。这是文人的臆想，无非是一种情绪的宣泄，文人不得志在古时很常见，用抹黑皇帝的形式来发牢骚的事情也不新鲜。

朱元璋在诏书中都自称"淮右布衣"，他对功臣虽然残酷，但杀人也都是事出有因，很多时候是不得已而为之。徐达一生谨慎，对朱元璋从无违令违法之事，又对职位、军权毫无迷恋，甚至曾对朱元璋有救命之恩,此等对自己一生都在尽忠之人,朱元璋怎么会杀他呢?

作为一对几十年相扶持南征北战的老兄弟,这种情谊不是酸腐文人可以理解的。朱元璋得知徐达病逝的消息之后十分悲痛,为之辍朝数日之久,追封徐达为中山王,谥号"武宁",赠其先祖三世皆为王爵,赐陪葬明孝陵侧,钟山之阴。朱元璋亲笔为之书写神道碑文,令其配享太庙,功臣庙内位列第一。

朱元璋对徐达的评价也最能概括他的一生:"破虏平蛮,功贯古今人第一;出将入相,才兼文武世无双。"